12−1

くらしの形見

12-2

くらしの形見

12−3

くらしの形見

12-4

くらしの形見

12-5

くらしの形見

12-6

くらしの形見

12-7

くらしの形見

12−8

くらしの形見

白洲正子

MUJI BOOKS

くらしの形見 | #12 白洲正子

白洲正子がたいせつにした物には
こんな逸話がありました。

12−1 | **白木のウィンザーチェア**
自分の体にあわせてオーダーした椅子。体を包み込むような座り心地を気に入り、長く愛用しました。木工作家・槇野文平の作です。

12−2 | **膝掛け**
織物作家の田島隆夫が自作の余り織地で仕立てた膝掛けは、
家中どこへ行くときも持って歩くほどのお気に入りでした。

12−3 | **胴服**
白生地は田島隆夫からゆずりうけた一点もの。信頼する染色作家の古澤万千子に頼んで辻ヶ花風の胴服に仕上げました。

12−4 | **真鍮瓶**
蓋に花弁のつまみがついた楕円形の真鍮瓶。江戸時代のもの。
ほかにも鉄瓶や銅瓶などをいくつも買い求めて日常で用いました。

12−5 | **瀬戸むぎわら手片口**
「むぎわら手」の素朴さが白洲好み。青山二郎や小林秀雄らも、
よい骨董を皆で買う「むぎわらくらぶ」を結成していました。

12−6 | **印六顆**
愛用の印は京都五条坂の書家・荒川玄二郎が石に刻んだ特注品。
「印六顆」として「白」２種と「洲」「正」「MS」「M」の字が揃います。

12−7 | **新聞受け**
日曜大工好きの夫・次郎がつくった札を臼の上に立てた新聞受け。
自邸・武相荘の長屋門の軒下に今も置かれています。

12−8 | **白磁桃形水滴**
李朝中期の小さな桃形の水滴は文人・富岡鉄斎の旧蔵品。「手に握って一番気持ちのいいのがこれね」と語るほど愛用しました。

撮影 | 永禮 賢

目次

MASAKO 0

図版番号は、一五四ページの「逆引き図像解説」をご参照ください。

白洲正子の言葉

百年以上も住みなれた農家には、
土に根が生えたような落着きがあり、
四季折々の食物にも事を欠かない。
そういうものは一朝一夕で育つはずがないことを、
住んでみて私ははじめて実感した。

「鶴川日記」一九七八年

MASAKO
1

私にとって大切なのは、
半分自然の中にいるような状態なの。
古い農家を改造した葦《よし》葺きの家なら、
家そのものが自然と一緒に
呼吸しているようなものでしょう。

「〝ほんもの〟とは何か」　一九九五年

戦前に母が作ってくれたような
きものはどこにあるのだろう。
やがてそんなものは戦争によって
消えてなくなってしまったことを
私は知るハメになった。
だが、技術は人知れずどこかに残っているにちがいない。
それを掘りおこすことが私のつとめだ。
次第にそんな風に信じるようになった。

『白洲正子自伝』 一九九四年

町田市史
上巻
MASAKO
2

MASAKO
3

好きなものを買うことだ。
買って、つきあってみることだ。
それがおのずから掘出しになれば、
こんな仕合せなことはない。
ほんとうの「掘出し物」とは、
物に即して、自分の眼を、心を、
掘出すことではないか、
この頃私はそう信じるようになった。

『骨董夜話』一九七五年

人のものを見てばかり、人に訊いてばかりはダメ。
自分が〝もの〟と付き合うこと。
それには、身銭を切って買うことです。

「〝ほんもの〟とは何か」一九九五年

たとえ美しいものに出会って感銘をうけたとしても、
それだけではまだ見えたことにはならない。
それでも、本気で見たいと念じているならば、
いつとはなしに見えるようになる。
「見えた」と思う時が来る。

「回峰行その後」『近江山河抄』一九八三年版

たしか青山二郎さんであったか、
その頃私に「韋駄天《いだてん》お正」という綽名《あだな》をつけた。
私があまりに方々を馳《か》けずり回ったからである。
今から考えてみると、戦争で日本が何もかも失った時代に、
じっとしていられなかったのかも知れない。
むしょうに「人間」に会いたくて、
むしょうに「美しいもの」にふれたかった。

『ものを創る』一九七三年

MASAKO
4

褒めてくれたことは一度もなかったジィちゃんが、
ただ一つ褒めたのは、
私に「勇気がある」ということだけだった。

『いまなぜ青山二郎なのか』一九九一年

眼が利くとはようするに、
本物のなかから本物を発見するまで待つ、
その我慢のことをいうのだろう。

「月謝は高かった」　一九六五年頃

私にとっては、お能もジャズもまったく変りはないのです。
同じようにモオツァルトも、野球も、相撲も、面白い。

「モードと女性」一九五八年

口ではいえなくても、
着心地のよさを肌で感じている人たちのほうが、
糸の美しさを知っているといえるのかもしれない。

「織物は語る」一九六六年

身につくというのは、ふだん着にきることです。
意識しないで、自然に着ることです。

「きものと洋服」一九六七年

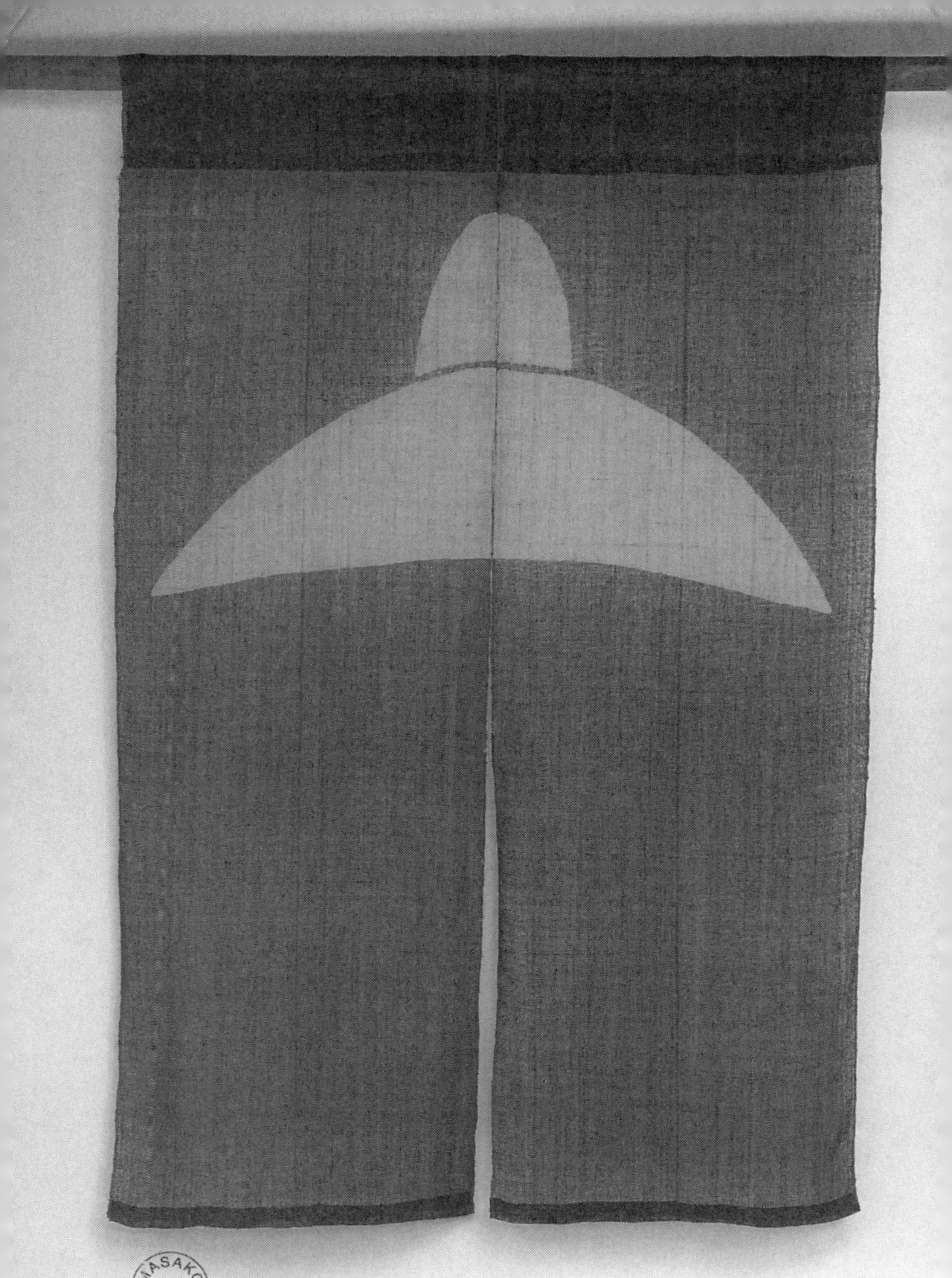

MASAKO
5

躾という言葉は美しい。
それはまた、着物のしつけ、
しつけ糸などにも用いられる。
新しい着物をおろす時は、必ずこれをとる。
よく、襟の所などわざと残しておく人がいるが、
いやなものである。
それがとれて、忘れたころ、
はじめて着なれて、身につくのだ。

「父のこと、エチケットのこと」一九五八年

無地の面白さ、——これがおしゃれの最高です。
無地だと、ごまかしがきかないので、
まず生地のいいものを選ばねばなりません。
必ずしも値段が高いからいいという意味ではなく、
ぺらぺらしない、目のつんだもの、
それに紬《つむぎ》でしたら、糸使いの面白さもふくまれます。

『きもの美——選ぶ眼・着る心』一九六二年

いいものは、あきが来ない。
きもののもう一つのたのしみは、季節のかわり目に、
簞笥をあけて、防虫香のかおりとともに、
去年のきものを取り出すとき、
まるで新しいもののように感じることでしょう。
ほんとうに、「衣更え」という、新鮮な気持ちがするものです。
それに比べたら去年の洋服は、冬の扇のように味気ない。
それは純然たる消耗品であり、特殊な皮類とか毛織物以外は、
一シーズンで、捨て去るべき運命にあるのです。

『きもの美——選ぶ眼・着る心』一九六二年

MASAKO
6

私がそうありたいと望むものは、
単純と平凡の二つにつきます。
人生の達人、古今の趣味人たる兼好法師は、
「よき細工は、少しにぶき刀をつかふ」
という言葉を残しましたが、
それが私の御手本です。

「奥様のきものについて」一九六〇年頃か

「名人は危うきに遊ぶ」という、
その危険な「遊び」がないところに
真の美しさも生まれない

「名人は危うきに遊ぶ」一九八八年

食事も花を活けるのと同じ。
器ひとつで、美味しいものはもっと美味しくなるものです。
きょうの昼食は、穴子丼、おつゆにお浸し、
漬物という、ごく簡単なもので、
器もふだん使っているものばかり。

「酒飯の美味は器ひとつ」一九九五年

MASAKO
7

毎年その季節になると、
私の家では「柿ずし」を作る。
酒で炊いたごはんの上に、鮭の荒巻きを薄く切ってのせ、
柿の葉で巻いたものを、
箱に詰めてひと晩圧《お》しておくだけだが、
柿の葉のほのかなにおいに、酒の香が混じって、
素朴でしかも上品な味がする。
吉野では、今はさばを使っているが、
これは鮭のほうがはるかにいい。

「新緑」一九八七年

凝りに凝った料理より、
お惣菜をうまく食べさせる方が、
私にはずっとむつかしいように思われる。

「京の味　ロンドンの味」一九六三年

私は男の子としか遊ばず
（実は今でもその傾向はある）、
自分のことを「ボク」といっていた。
人が私のことを呼ぶ時は、
正子ちゃんでもまあちゃんでもなく
「まあ坊」で、幼な友達は未だにそう呼んでいる。

「祖父・樺山資紀」『白洲正子自伝』一九九四年

MASAKO
8

好きな本は、何十ぺん何百ぺんでもくり返し読むので、
表紙がとれたり、頁がはずれていたりする。
源氏物語も、枕草子も、徒然草も、
この頃は新しい解説書がいくらでも出ているが、
私ははじめて勉強した時のことがなつかしくて、
新しく装幀し直して古い本を読んでいる。

「一冊の本」一九九六年

かえりみると私の一生は道草ばかり食っていたらしい。

「道草の人生」一九九七年

かくれ里　十五

白洲正子

〈湖北　菅浦〉

「どこから「湖北」と呼ぶのか、はっきりしたことを私は知らない。が、西は比良山をはずれて安曇川を渡る頃から、東は長浜をすぎて竹生島が見えかくれするあたりから、琵琶湖の景色はにわかに変って来る。空気が澄んは魚をとるエリが、そちらこちらに見えはじめる。

刈りとられた田甫に榛の木の稲架が、点々と立つ、いかにも北国めいた風景である。

その時、落した一粒の種が、後に美しい観音像に花開いたのではなかったか。それは泰澄和尚伝記にいふ「天衣瓔珞をもって身を錺れる貴女、虚空の紫雲の中より透出し」といふ白山での夢想をまざまざと表現してゐる。

MASAKO
10

秘境と呼ぶほど人里離れた山奥ではなく、
ほんのちょっと街道筋からそれた所に、
今でも「かくれ里」の名にふさわしいような、
ひっそりとした真空地帯があり、
そういう所を歩くのが、
私は好きなのである。

『かくれ里』一九七一年

MASAKO 11

「日本人の心」とは、
世界中何処にでも自由自在に行けるもの、
しかも人がとろうとしてもとれないもの、
時によっては命にかえても惜しくはないもの、
それ程大切でありながら野にも山にも
戦場にも工場にもざらにあるもの、
お金で買えない程贅沢で真の意味での貴族的なもの、
そうかと思えば蕨《わらび》や菫《すみれ》にもひとしいもの、……

「日本人の心」一九四四年

「文は人なり」というけれども、
文ばかりでなく世の中のあらゆるものは、
黙っていても、自分の姿しか映してはくれない。

『近江山河抄』一九七四年

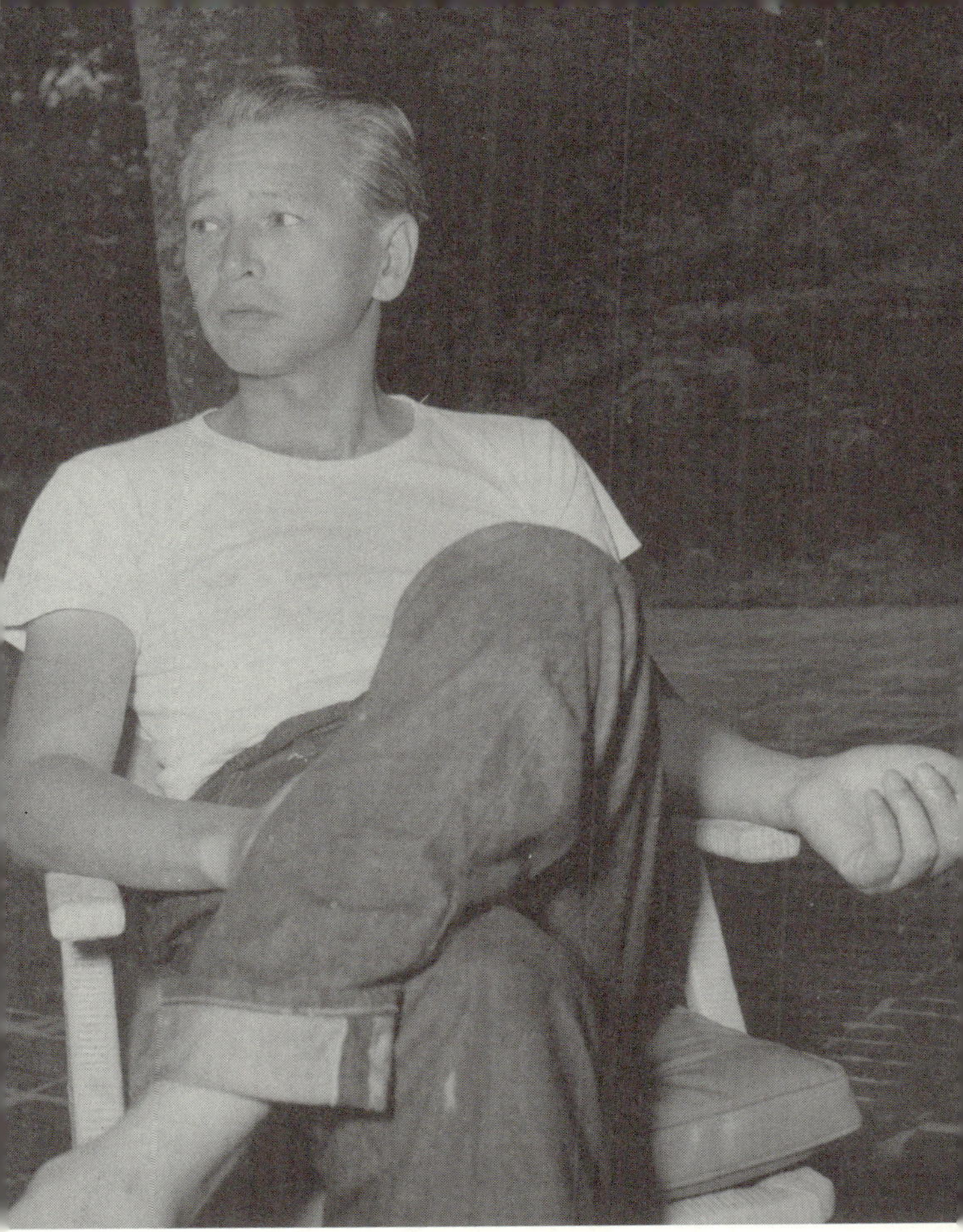

無駄のある家

鶴川の家を買ったのは、昭和十五年で、移ったのは戦争がはじまって直ぐのことであった。別に疎開の意味はなく、かねてから静かな農村、それも東京からあまり遠くない所に住みたいと思っていた。現在は町田市になっているが、当時は鶴川村といい、この辺に（少なくともその頃は）ざらにあった極くふつうの農家である。手放すくらいだからひどく荒れており、それから三十年かけて、少しずつ直し、今もまだ直しつづけている。

もともと住居はそうしたものなので、これでいい、と満足するときはない。綿密な計画を立てて、設計してみた所で、住んでみれば何かと不自由なことが出て来る。さりとてあまり便利に、ぬけ目なく作りすぎても、人間が建築に左右されることになり、生まれつきだらしのない私は、そういう窮屈な生活が嫌いなのである。俗にいわれるように、田の字に作ってある農家は、その点都合がいい。いくらでも自由がきくし、いじくり廻せる。ひと口にいえば、自然の野山のように、無駄が多いのである。

牛が住んでいた土間を、洋間に直して、居間兼応接間にした。床の間のある座敷が寝室に、隠居部屋が私の書斎に、蚕室が子供部屋に変った。子供達も大人になり、それぞれの家庭を持ったので、今では週末に来て、泊る部屋になっている。あくまでも、それは今この瞬間のことで、明日はまたどうなるかわからない。そういうものが家であり、人間であり、人間の生活であるからだが、原始的な農家は、私の気ままな暮らしを許してくれる。三十年近くの間、よく堪えてくれたと有がたく思っている。

初出不詳

暮しの中の美

本節は、「暮しの中の美」の「はじめに」を抜粋したものです。

美術に関して、私はまったくの素人です。好きで多少は集めていますが、眼ききとは思っていませんし、自分のかせぐ範囲で買うのですから、大したものは持ちません。が、先日、珍品堂主人の秦さんが『名品訪問』という本を出したとき、女の人で美術品が好きな人が少い為か、選ばれて、文字どおり末席を汚したわけですが、その時写真をとりに来た編集者に「大したもの」を持たないところが気に入られたらしく、どうでも書けという注文です。別に内緒にしておく程のことでもなし、引きうけることにしましたが、美術は好きでも、どういう風に買っていいか、きっかけがつかめない、――そういう方達は案外世間に多いようで、私のささやかな経験と物の見かたが、少しでもお役に立てたらと、そう思って筆をとりました。

私が美術品、特に陶器に興味をもったのは戦後のことです。ちょうど財産税などで門外不出の名品が、ぞくぞく市場に現れた頃で、壺中居の主人の広田さんなどは、「四十年、骨董を手がけていて、こんなにたくさんの名品は見たことがない。あなたは仕合せですよ」といいましたが、有名な蒐集家の細川護立氏や、麻生太賀吉氏なども知っていたので、しじゅうその方達と一緒に歩いては、知識を吸収することに熱心でした。

それらは主に中国の陶器でした。細川さんが、たとえば明の万暦《ばんれき》を買ったというと麻生さんもほしくなる。また他のAさんBさんもほしくなる。ほしいと言えばすぐ手に入る時代で、目のくらみそうな値段のものが、次から次と買われていくのを見て、私はあっけにとられるばかりでしたが、自分では到底手が出ませんでした。それでも今と違って、特別なものはさておき、一級品が千円か二千円で買えたのですから、これはやっぱりほんとうに好きではなかった証拠でしょう。

むしろ、まわりにそういう知人が沢山いた為に、ただで覚えられるとは有難いくらいに思っていた。今にしていえることは、こうした狡い考え方が美術にとっては禁物なのです。美術品ばかりでない、人間同士の付合いにしても、一般世間の仕事にしても、何の犠牲もはらわずに覚えられることが一つとしてありましょうか。昨日も、ある若い骨董屋さんが遊びに来て、こんな話をしていきました。

――先日、百万円もする大きな鉢を買った。ある人にそれを売ったところ、別の骨董屋さんに見せて「悪い」（にせ物の意）といわれ、すぐ返して来た。自分にとって、百万円は大金であり、買った先も商売人なので返せないこともなかったが、返したのでは信用にかかわる。見るのも癪にさわり、いっそのことぶち割ろうとしたが、待てよ、これこそ物の見えぬ自分に教えてくれた有難い品物であると思い、今は神棚にかざってある。そうして毎日拝んでいるのだと話してくれましたが、素人にとってもそうした心構えは大切であると同時に、にせ物の一つや二つつかむことを恐れていたら何も覚えることは出来ますまい。「骨董は買ってみなくてはわからぬ」とはそういうことをいうのだと思います。

さて、話を元に戻して、これという先生もなかった私は、いわば展覧会で見物するみたいに、人の買うのを傍らで眺めていた。眺めているだけでも結構知識はふえるものです。唐と宋の区別もつきましたし、明の絢爛、清朝の精巧な技術も知り、値段も見当がつくようになりました。

そこら辺にとどまって、陶器の研究にでも専心していたら、今頃はいっぱし通になっていたことでしょうが、ある日壺中居で、志野の香炉を見たことが、私をまったく別な道に向かわせてしまったのです。骨董という魔物にとりつかれたとでもいいましょうか。それまで何を見ても、ただ美しい、みごとなものだ、と感心していたのが、どうあってもこれだけは自分の物にしたいと決心した。私にとっては、初めての経験です。忘れもしない、値段は六万円で、当時としては高価なものでしたが、そんなことも上の空でした。大事に抱いて、家へ帰ってひらいてみると、いかにも美しい。夕焼けのように真赤に焼けた中に白い薄《すすき》の穂が浮んで、裏側には水草がゆらゆらと流れている。うれしいと同時に、何か、空おそろしいような気持がして、寝てもさめても肌身はなさず持ち歩きましたが、仕服《しふく》を見ると、「天下一品」とか、「これを持つものに災いあれ」とか、いろいろなことがいっぱい書いてあって、前の持主の執心の程が思いやられます。後で聞いた話によると、それは何代か前に、青山二郎さんが持っていたもので、その字も青山さんの書いたものだと知りました。

が、支払の方は笑談事ではなく、何とか月賦で済ましましたが、この香炉は、その後出世して、ときどき図録などでお目にかかることがあります。持っていれば一財産できたことでしょうが、今はまったく執着はありません。そこのところが、骨董好きの面白い点なので、問題はお金ではなく、いかに惚れるかという一事にある。さほど好きでもないのに、もうけようとして買ったものはよくない場合が多い、と商売人もいいますが、素人にとってはなおさらのことでしょう。

それも飽きた為に手放したのではなく、十年近くも持っていて、止むを得ず売ったのでしたが、その当座は掌中の玉を失ったように、夜も寝られず思い出されてなりませんでした。たしかに骨董は買ってみなくてはわからないが、売るとよけい身に沁みるように思います。が、その後それ以上の志野が手に入り、売ようやく溜飲を下げたというわけです。もっとも「それ以上」というのは、「私にとっては」の意で、世間的な価値からいえば香炉の方が上なのです。そこもまた美術品の面白いところなので、誰にでもわかるものはわざわざ持つ必要はない、自分だけに納得のいくものがほしくなる、次第にそういう方向へすすむのが、日本の鑑賞の特殊な点ではないかと思います。

この志野の香炉が、私の眼を開けてくれたとはいいませんが、少くとも、買うきっかけは作ってくれました。

それを機会に、先の青山さんとか小林秀雄さん、珍品堂ほか多くの道具屋さんとの付合いもふえました。一つ買ってみれば、買うことがそれ程おそろしくなくなり、いやおそろしいだけにスリルがあって、自分を試すという面白さも加わります。

それにつけて思い出すのは、はじめの頃、ある日小林さんのお家へ招ばれた時のことです。いい御機嫌になった先生は、手近の引出しの中から、いくつも盃を出して見せて下さいました。小林さんは、自分の好きな道具を、いつも座右に置かれているのです。唐津や朝鮮の刷毛目《はけめ》のたぐいで私にはまだそんな渋いものはわかりませんでしたが、小さいながらしっかりした形は、それぞれ美しく、いかにも小林さんらしい好みを表していました。

そこまではよかったのですが、いきなり「値をつけてごらん」といわれた。「そんなことわからないわ」。そう答えると、いきなり頭からどやされました。

「値段がつけられないで、骨董買う奴があるか！」

その時私はハッと思い当りました。美術鑑賞というと、趣味のいいお道楽のように聞えますが、そんな夢みたいに美しいものではない。極端なことをいえば、美とは何の関係もない、物を相手の真剣勝負であり、あるがままの形とは、言葉で形容できるものではなく、冷厳な数字によって辛うじて表現されるものなのです。千の説明の言葉より、いくらという値段の方が正確だ。だからにせ物には、ほん物としては安いが、今出来《いまでき》としては高いといったような、いかにもにせ物らしい値段がついており、掘出し物をしようとするとそうしたものにひっかかるのです。それはお金がありあまる程あって、天下一品のものを、いちいち学者に相談して買うのなら間違いはないでしょうが、それには懐の都合もあり、人にたよってばかりいたのでは、永久に何も覚えることはできますまい。時にはにせ物をつかんだり、借金に追いかけられたりして、辛いおもいをするところに、いうにいわれぬたのしみはあるというものです。

何よりも先ず、自分が好きなものを、思いきって買ってみることです。展覧会や本などで、いくら勉強したところで、それとこれとは別の世界のでき事です。むろん知識は、タシにはなりますけれども、遠くから見物していただけでは、美術品も口をきいてはくれないでしょう。日本の鑑賞のもう一つの特徴は、人間と同じように、しじゅう傍において付合ってみることです。そうすれば、自分の好みがはっきりするだけでなく、いいと思って買ったものでも、二、三日そばで眺めていると、どうもおかしいと思ってくることもある。そういうものは必ず悪いのであって、別に眼ききでなくてもにせ物特有のにおいというものは次第にわかって来るようになりましょう。

はじめの頃は私も、きれいな唐の人形や、宋の赤絵などに心をひかれましたが、ただ鑑賞するだけではだんだん満足ゆかなくなって、じかに唇にふれる盃とか茶碗、日常使える徳利や皿のたぐいが好きになり、そんな物ばかり集ってしまいましたが、眼に映ずる形のほかに、触感も加わって、そのたのしみは増すばかりです。

やはりそういう鑑賞は、茶道から来たもので、私はお茶とは無関係な上、茶器の類に興味はないのですが、知らず知らずの中にそのような道を辿ったのは、祖先が培《つちか》った伝統というものは根づよいものだと思います。それは非常に個人的な物の見かたで、一人よがりのように思われるかも知れませんが、何も世間に自慢したり、展覧会へ出品する為に求めるわけではなく、朝な夕なの楽しみに買うのですから、いわゆる蒐集家とはおのずから立場が異ります。が、愛情というものは複雑で、他人に理解されなくても構わないというものの、自分が愛しているものが認められればうれしいし、けなされればがっかりしてしまう。美というものは、そういう実にはかない存在です。信ずるものは己れしかない。悪いといわれ、家へ帰ってから、そっと箱から取出し、ひと晩中なぐさめ合っ

犬馬難鬼魅易
MASAKO
14

たこともある。自分の不明をわびたこともある。そういう時は心ない焼きものも、涙でしめっているように見えてなりません。

だから家には使えるものしかありません。名品がないのは、資金不足のせいもありますが、非常に高価な品は、使うのに肩が凝るからでもあります。同じように、げて物にも面白いものはありますが、それだけに集中するのも、いや味なものです。私が好きなのは、安心して一緒に暮せるもの、箱書にも伝承にもこだわらず、裸のままで何事か語りかけてくるもの、そういううぶな美しさです。またたとえば発掘のような陶器で、使えば将来味が出てくるもの、これには人を育てるのと同じ喜びが見出せます。もっとも、人間と同様、いくら使ってもよくならないものも中にはある。それだけに美しくなったものには、よけい愛着も感じるというわけで、鑑賞の中にはそのような、賭けに似たたのしみもふくまれているようです。

利休は、何でもない日常の雑器の中から、美しいものを選び出した大先輩ですが、私達のささやかなたのしみの中にも、それと同じ発見の喜びがあって悪いはずはありません。世界的な一級品は、どこへ出しても誰が見てもいいにきまっているが、それだけに自分で持たなくても、写真で見れば充分だと、負け惜しみじゃなく思っています。私はまた、古いものと新しいものの区別もつけません。時代というのは争えないもので、長い間使われたものには新作にはない味があるのは当然ですが、今出来のものの中から、特にやすいものの中から、美しい品を見つけるほどたのしいことはありません。

反対に、古くからあって、誰も見向きもしなかったもの、たとえば大和や出雲から発掘される古墳の曲玉《まがたま》やガラス玉の類を、工夫してアクセサリーに用いるのは興味があります。その他にも、エジプトのスカラベ（甲虫を彫ったお守り様のもの。陶器、石、水晶などで作られている）や、ギリシャのお金、ペルシャの金細工、ガラス、トンボ玉と、この種のものはいくらでもあるばかりか、五百円ぐらいから二、三万どまりで、いろいろ面白い細工ができます。日本の古い櫛や、かんざしも、そのまま使えましょう。いいかげんな宝石より、その方が安上りで、何といっても深い味わいがあって奥床しいものです。何より自分で工夫できるというのが、たのしいではありませんか。心がけ次第で、そういうものはいくらでも探すことができますし、それこそほんとうの意味の掘出し物といえましょう。

鑑賞とは、たびたび言いましたように、手をつかねて物を眺めたり、人の説明を聞くことではなく、自分でそれを作った人の行為に参加することをいうのです。青山二郎さんはいつも、早合点する私に、「わかるのはやさしいが、発見するのはむつかしいよ」といわれましたが、展覧会やお寺の庭を見物するのが悪いというのではありません。が、「百聞は一見に如《し》かず」をもう一歩すすめて、「百聞は一つの行為に如かず」というのが、美術に近づく一番の近道でしょう。どんなにまずしくても、失敗を重ねても、自分の力でやったことだけが実になるのは、美術の世界のみに限ることではありません。

『優雅のすすめ』（徳間書店）一九六二年

MASAKO
15

着る心

1

二十歳になる娘が、先日私が襦袢からきもの、帯、と順々に着ていくのを傍で眺めていて、急に和服が着たくなったといい出しました。洋服は何だか味けない、そうも申しましたが、若い女の人達の中にも、きものに対する郷愁はひそんでいるのでしょう。私は自分の若い時のことも考えて、決して強制はしませんけれども、この頃はきものの生地などで洋服を作っているようです。

今まで洋服ばかり着ていたお嬢さん方が、店へ来てきものを買う場合、大抵の人は（特にお母様の方が）年をおっしゃって、何を着たらいいか相談なさいます。かえってお嬢さんの方が地味な柄を選ぶのに、親は従来の先入観が手伝って、はでな色を着せたがる。大悶着がおこる時もあります。が、若い人が男物のようなこまかい絣に、はでな帯をしめる程、はでに見えることはありません。若い頃はいくら地味なものを着てもかまわない。かえって中年になって地味すぎると老けてしまう。また太っているからといって、やわらかいものを着るのも反対で、むしろ紬みたいなものの方が身体の線がかくせるし、こまかすぎる柄も同じことがいえます。

だんだんにそういうことが自由になっていくのはいい傾向と思いますが、自分に似合ったものを選ぶのはさておき、先ず、「きものが着たい」そう思うことが大切です。よそゆきに一枚ぐらい持っていなければみっともない、――そんな気持ちでは選ぶことは無理でしょう。着たい気持ちを大事にして、さてその上で洋服と同じ眼でみたらいい、はじめは手さぐりでも、その気持ちさえ持ちつづければ、眼は知らぬ間に肥えていきます。

参考の為にいえることは、振袖とか、よそゆきの類は、何といっても高価ですから、呉服屋さんのいいなりになると、あとで後悔することがあると思います。それより洋服と同じように、スウェターとかスカートといったものからはじめた方がいいでしょう。木綿や紬は、ちょうどそれに当たります。最初から何万円もするような訪問着や紋付に手を出すのは、利口なことではありません。

そういう方には、特に木綿絣をすすめたいものです。藍と白のはっきりした効果ほど、新鮮なものはなく、それに赤い帯でもしめれば、とても可愛くみえます。ふだんに着てみるということが、きものが見えてくる初歩なので、たとえばお茶の道具でも、お客様の時だけ出して使ったのでは、ほんとに大事にしているとはいえますまい。大事にするとは、しじゅう身近において、可愛がることです。つき合ってみることです。それと同じように、よそゆきのきものを美容院で着せて貰ったからといって、少しも身についた感じはないでしょう。ようするに、よそゆきはよそゆきにすぎない。どんな豪華な衣装でも、ぴったり身について、ふだん着のように見えればしめたもの。そういうことを「着こなし」というのです。

未だ一般には、きものはよそゆき、という観念があるようですが、高い訪問着より、安い木綿の方が買いやすいのはいうまでもないことです。次に、失敗しないよう、間違いのないよう、安全第一を目ざすのも怪我の元です。たのしみがないから、直ぐあきる。物を覚えるのに、痛いおもいや恥ずかしい目をおそれたのでは成功しない。きものを見る眼も同じことです。

洋服の場合は、型と生地が主ですが、きものには、調和の面白さがある。むろん洋服にもあることですが、それとは少し違って、バラバラのものを使って統一するという別なたのしみが見出せます。

たとえばきものと帯には反対色を使います。表と裏もそうです。黒のきものに、ひき茶（さびた緑）の裾回し、それをえんじの帯でひき立たせる。帯止には、裾回しの色をエコー（山彦）にして、ひき茶でしめてもいいでしょう。ぐっと渋くいって、ねずみのきものに、さび朱の帯、目立つのは、黄八丈に紫の帯、といった風に、取り合せの面白さにきりはありません。不協和音を、わざと持ってくることで、全体がひきしまることもある。織物の専門家は、それと同じことを、糸で行なっているだけの違いです。

柄にしてもそうです。常識的にいって、縞のきものに、縞の帯は似合いません。絣のきものに絣の帯も、うるさくなります。もっとも、こまかい亀甲や蚊

MASAKO
16

絣に、南方風の大柄な絣をもってくるのは構いませんし、無地のきものに無地の帯も、取合せによっては美しいものです。

2

そういうことが巧いのは武原はんさんです。やはり踊りの伝統でしょうか、江戸小紋などにさっぱりした帯をしめて立った姿は、関西風の女らしさと江戸っ子の粋をかね、ほれぼれします。先日は毛糸の角巻（明治時代にはやった三角の襟巻で、近頃またパリでも用いられています）を作ってあげ、よくうつりました。これは汽車や自動車の中では膝かけになり、私は原稿を書く時に重宝しています。おはんさんは、こういうものを見つけるのが上手で、モダンという方ではないのに、ハイカラなものもよく着こなしています。

趣味がいいかたに、新珠三千代さんがいます。大そう渋いお好みで、ときどき地味すぎると思うのですが、さて仕立ててみると、よくお似合いなのでびっくりします。ヘア・スタイルもあのとおりひっつめで、優しい感じのパステルカラー、無地、蚊絣、江戸小紋の類がお好きです。こまかい柄の他、一切見向きもしないのは、若い女優さんにしては珍しいお好みといえましょう。

また、立花長子さんや古澤万千子さんのように、きものを自分で染めている方達が、しゃれているのはいうまでもないことです。好きが嵩じて、自分で作るようになったからですが、そういう方達は私と同じ「紺屋の白袴」で、自分のきものまで染める暇はないに関わらず、いつも何気ない中に美しい調和のとれた格好をしていられます。

文士の奥様方も、旦那様がうるさいせいか、選び方がお上手です。特に河上徹太郎さんの奥様は、江戸風の小紋や紬がよく似合って、落ちついたやわらかい感じの女性です。持物のふろしきに至るまで、ゆき届いており、先日も「帯にするのよ」といって美しい織物のふろしきをお持ちでした。ふろしきやざぶとん地は充分帯に使えますし、そういう中から選ぶのが買い上手といえましょう。きものが好きな方は、どこでも、何でも、見逃しません。

この頃はアンサムブルとかいって、きものと羽織をお対《つい》で作ることがはやっていますが、これも今はじまったことではありません。特に大島は、お対で作るといいものですが、あまりお揃いというものも芸のないことで、先日私は紬の蚊絣で、きものはチャーコール・グレイ、羽織は同じ蚊絣の白（といっても紬だから象牙色です）で作ってみましたが、案外いい感じでした。そういう時は、はでな帯でバランスをとりますが、とても着られないようなはでなきものも、黒っぽい帯で引きしまることもある。だから一概にはでとか地味とはきめられないのであって、使いよう一つで、はでにもなれば地味にもなる。今もって私が二十代のきものを捨てきれないでいる所以です。

が、大島のお対というものには、たぶんに見栄もはいりましょう。何しろ高いものを二反も使うのですから、それでもきものが歩いてるように見えなければ上できです。とはいえ、やはり紬のような硬いものには、やわらかい染めものの羽織がほんとうは似合いましょう。結城に江戸小紋の羽織なんて、お人柄がしのばれて床しいものです。取合わせの中にはむろん履物まで入りますが、色と柄と質、それぞれ違う種類のものが、一つの調和をうむ所に、きものの最大のたのしみはあるといえます。

一般にいって、「つきすぎる」ことをきものは嫌います。蝶々のきものに、蝶々の帯、紅葉に鹿、梅に鶯の類は陳腐です。何事も、つかず・はなれずの風情に保つのがよろしいので、一例をあげますと、あざみのきものに、糸巻文様の帯なんてのは気が利いていると思います。ちょっと判じものめいて見えますが、それはお能や歌舞伎の「安達原」からヒントを得た模様で、平凡な所では、菊に寿の字はいつ見てもいいものです。同じ鹿、紅葉でも、紅葉の小紋に、鹿の子の帯も、見る人が見ればわかりましょう(鹿の子絞りは、鹿の背の斑点を模様化したものです)。

そういう風に、凝ればいくらでもあそぶことができますが、凝りすぎたのは鼻につきます。あまり由緒来歴をひけらかすことも、すっきりしません。ものは程々に投げやりなのが美しい。おしゃれな人は、上等の結城を、「結城なんて何だい」てな調子で、着こなしているものです。反対に、優男が、ごつごつした木綿絣を、書生さん風に着流しているのもいいものです。が、いくらつきすぎないのがいいといっても、木綿のきものに金襴の帯をしめるのは、スウェターに金のサンダルをはくようなものです。つかず・はなれず、――それがきものの調和です。そういうことに興味をもちだしたら、洋服はやさしすぎてつまらなくなる。絵を描くに似た喜びが見出せるからですが、そうむつかしく考えずに、何はともあれ試してみることです。思いがけぬ効果が表われて、きものの魅力があなたを捕えるに違いありません。

3

中年の方は洋服よりきものの方が似合うことはたしかです。私などが一番困ることは、若い女性の洋服はあっても、中年むきのいいものが未だ日本にはないことで、しぜん年に似合わぬティーン・エージャーみたいな格好をする方達もあるのですが、その為に実際の年よりふけて見えることさえあります。一番年齢があらわれる肱《ひじ》とか首のまわりなど、きものならかくせるのに、つい見え

MASAKO
17

ない所なので忘れてしまう。正面からはまずまずでも、後姿に年があらわれては、特にそういう場合はふつう以上にめだつものです。

若いうちは、どんなものでも、若さがかくしてくれますが、年をとると質と模様が気になって来ます。多くのものを見て、いい生地を選ぶことが大切ですが、ほんとのおしゃれがはじまるのもそれからのことです。そこにきものの魅力がある。過去の経験と、知識を生かして、老いてますますたのしめるとは、何という有難いことでしょう。これは日本の芸術一般についてもいえることで、若いうちが花のバレエなどに比して、踊りやお能は年をとらねばほんとうの味は出せません。ことに女性は、――フランス人のバルザックも、「女は三十にならないと個性が持てない」と言いきっていますが、おしゃれも三十をすぎなければほんとの楽しみはないでしょう。先に行くほど希望が持てるとは……まったく有難い国に生まれたものだと私は思っています。

不完全なものの美しさ、やつれの味、そうしたものが日本の美しさといえるかも知れません。だからといって、完全なものが悪いというのではありません。

MUJI BOOKS

一方に、完璧な美しさがあればこそ、こういう贅沢な好みも生まれたので、それはお茶の方でいう、わびとかさびに通じるものです。近頃は、そういうものをひねこびた趣味として、排斥する傾向がありますが、実はこれほど生命力にあふれたものはない。完全なもの、きれいなもの、誰が見てもわかるもの、それを卒業した上でのあそびなのです。ひねこびさしたのは茶人の罪であって、美しいものの関知しないことです。きものを通して、それを発見して頂くのが私のほんとうの目的なのですが、それは欲ばりな望みでありましょうか。

お年寄りで美しいのは、わかもとの長尾夫人です。極めて自由な選び方で、木綿も着れば紬も着る、小宮さんの小紋も持っていらっしゃるという調子で、気持ちも男のようにさっぱりした方です。

先日もいい結城を見せて下さいましたが、袖の中にごろごろしたものが入っている。見ると、質屋の札でした。昔、困っていらっしゃった時に、「そういえば入れたのでした。すっかり忘れてた」と笑っていられましたが、私が驚いたのはそのことより、そういう時代にもこんな贅沢なきものを着ていられたことでした。

わかもとの美術館は有名ですが、古い衣装のコレクションでは日本一とか聞きます。きものについて、そこまで徹底した人ですから、好みがいいのも当然といえましょう。年寄りというと、すぐくすんだものを考えがちですが、長尾夫人は、年をとるにつれてはでな格好もなさるようになり、それがよくおうつりです。皮羽織を作ってあげたこともありますし、ウールも召します。ラシャ(服地の)の黒い羽織に、黄色の結城を着ていられた時なぞ、とてもモダンに見えました。

贅沢といえば、男の方では、小林秀雄さんなども、貧乏な時代に、高い結城を召していたそうです。今でも丹前に、古渡り唐桟を着ておられる時がありますが、評論家というより、そんな時はいなせな江戸っ子という風でよくお似合いです。

一体に男性の芸術家は趣味がよく、鳥海青児さんなど、お家ではしぶい草色の無地に、柿色のちゃんちゃんこを着ておられますが、これは風呂敷を利用したものだそうです。

梅原龍三郎氏も、京都の呉服屋さんの出で、きもののことはやかましいかたです。アトリエではでな藍みじん（木綿のこまかい格子）に、えんじの襟巻をしていらっしゃる。老人がはでにするのはいいなあ、と思います。それも人によりけりで、やはり元は人間によるのでしょう。男の方達は、本人はそのつもりでなくても、よそ目には大そうしゃれて見えることがあり、また最後にはそうならなくては、ほんとの洒落者とはいえないでしょう。おしゃれに浮き身をやつしている間は、自分が思っている程には人は感心してくれないものです。

4

こんな話があります。有名なのでたぶん御存じの方もあると思いますが、昔、ある富豪の妻が尾形光琳にきもののデザインを頼みました。時は元禄、町人の物持ちが華美を競った頃で、光琳の絵も当時の気風をみせていますが、できて来たきものは全部黒ずくめでした。もともと衣装くらべの会合に着て出る為のきものだったので、少し不満に思ったようでしたが、大芸術家の言葉を信じて着て出たところ、まわりは豪華な衣装ばかり、中には珊瑚を縫いつけたものまであったりする中で、一段とひき立って見えたのは、その黒一式のきものだったということです。伝説としても面白い話ですが、華美を極めた光琳ならでは、そんな衣装も考えつかなかったでしょう。それこそまことの贅沢というものです。

銀糸、金糸、金襴の類も使いよう一つで、美しくもなればみにくくもなる。ゆめゆめ安物に手を出してはなりません。実質より以上のものに見せかけるのは、近代が生んだインチキ精神です。といって高価な金銀を使ったものでも、まるでお金をしょって歩いてるようにみえる場合もなくはありません。あれでは心身ともに重たくてかなわないでしょう。

私の店にくるお客様で、自分はちっとも構わないのに、とても選ぶ眼をもっている方があります。似合う人を見つけて着せるのが趣味らしい。ときどきこんな好いものを見つけたといって、持って来て下さることがありますが、私はそういう方達からもずい分学びました。

あっさりきめるのは男性のお客です。女性はなかなか選ぶのがむつかしく、またそれが半分たのしみなのですが、そう手間をかけたからといって、いい物が見つかるとは限りません。フランスでは男性が女性の服装に興味をもち、うるさい人が多いのですが、フランスの女が世界で一番しゃれているのも、男の眼が手伝っているからでしょう。日本でもそういう例は少なくありません。が、旦那様や恋人がきものを見てくれないからといって、落胆する必要は更にありません。自分の眼を育てればいい。その方が人にたよるよりははるかにたのしめます。

といって、東京や銀座通りで見られるものだけがいいとは限りません。東北地方の農家の娘さんたちの姿は絵のようにきれいです。庄内地方では、虫よけの為か、顔を半分、布でおおっていますが、トルコ美人のように魅力的に見えます。かくすこと、――それもおしゃれの秘訣の一つです。姐さんかぶりが美しくみえるのもその為かも知れません。

以前その地方を旅行したときですが、田舎の温泉場で、芸者さんが来てくれました。翌朝、挨拶かたがたお給仕に現われましたが、前夜のお座敷着にひきかえ、ふだん着の木綿絣は一段と美しく、折しも初夏の頃とて、ことに清々しく見えたのでした。何でも、その環境に、ぴったりしたものが美しい。そうかといって、合いすぎるのも困りものです。

よく民芸的な料理屋さんがありますが、いろりに自在、行灯に衝立、あれもこれも民芸の上へもって来て、木綿絣と赤だすきのお給仕ときては、くどいというより他はありません。野良ではあんなに美しかった木綿絣も、垢じみて不潔にさえ見える。無理に仕立てた演出だからです。総じて、これでもかこれでもかという押しつけは避けたいものです。値段の高低に関わりなく、それは金ピカ趣味といささかも変わるものではありません。

この頃は民芸調がお盛んで、私もそのお蔭をずい分こうむってはいるものの、上から下までごつごつした民芸ずくめというのも、息がつまる風景です。もし、きものや羽織がそうしたものなら、スカーフだけでも逃げてほしい。どこかで息ぬきは必要です。男の洋服でも、日本製ホームスパンの暗い色で、ネクタイも手織なら、ボタンまで木の皮で作ってある。そういうのは、しぶいを通りこしてくどい趣味としか申せません。

いつかテレビで見たことですが、たしか佐渡の風習に、自分の身内や親しい人から残り布を貰って、浴衣（もしくは野良着）をつくって着ている写真がありました。馬に乗っていたように記憶しますが、こまかい布をたんねんにはいだそれが実にしゃれており、強く印象に残っています。が、あんなものは、寄せ集めではできないでしょう。親しい友や身内の人々への愛情、それがあのようなものを作らせたに違いない。美しい風俗だと思いました。

物をついで着るというのは、勿論経済的な理由にはじまったことですが、つづれはたぶんそこから来た言葉で、早くも天平時代から、それを美化して織る方法が発明されていきました。天平といえば、唐の模倣時代ですが、日本独特の好みも既につちかわれていたのです。不完全な美への郷愁は、上等な織物をわざわざはいで作る所まで発展しました。これは一歩間違えばあやまるという、危い美しさをねらっています。

5

私の店に、お父さんの結城をぶんどったといって、男物を着て現われるお嬢さんがありますがとてもモダンに見えます。もはや洋服と区別はなく、着ていてもそんなことは考えたこともないらしい。またあるお嬢さんは、チャーコール・グレイのスーツに、襟の所に美しい布を少しのぞかせている。それ何、と聞きましたら、お家の壁からはいで来た、といわれました。インド更紗だったのです。今に親御さん達は全部お嬢さん方にはがれてしまいそうですが、そうなった暁には、日本もずっと美しくなることでしょう。

若い人達の間では、この頃あまり大柄を好みません。あるいは銀座だけの現象かも知れませんが、必ずしも大柄が悪いというわけではない。大きな柄なら、いっそ寛文・元禄頃の、思い切って大胆なものがすすめたい。そんな場合は、帯はなるたけ細めにして、きものを引き立たせた方がいいでしょう。私は若い時分から、元禄へ還ることを理想としていましたが、ようやくその兆しが見えはじめたのは嬉しいと思います。

それからもう一つ、見直されていいのは無地物です。見直すといっても、昔は男の他着たものではなく、むしろ現代の産物といっていいのですが、前には無地といえば、文字どおり無地だったのが、この頃はイギリスあたりの趣味をとり入れて、多くの糸を使って、見た所は無地に見えるという、凝った織物になってきました。柳さん方のお蔭ですが、国展の原田麻那さんとか大島郁子さんとか、女の方達にもいい作家が多く、深みのある生地を織って下さいます。羽織もきものも帯も全部無地というのも面白い着方です。が、それは金銭的にも趣味的にいってももっとも贅沢なきもので、おしゃれに飽いた人々のすることでしょう。私の母も晩年は無地しか手を通しませんでした。

また、スタイル・ブックを見る場合でも、モデルばかり見て選ぶのは危ないことです。多くは宣伝用のスタイルで、フランスでもファッション・ブックに出すのは、特別その為に作るとか聞いています。スカートはピンで止めて細く見せてあり、あちこちその場かぎりの工作がほどこしてあります。おおむね飛びつくのはアメリカ人で、フランス人は案外平凡な、そしてよく見れば凝った格好をしている。これは日本の趣味も同じことで、古い国に共通なたしなみといえましょう。

前に中国地方のある都会へ行ったことがあります。サック・ドレスが紹介されはじめた頃で、東京では未だ一人も着ていなかったのですが、私がびっくりしたのはその町のバアの人達が、全部サック・ドレスを着こんでいたことです。あれはついに流行を見ずに終わりましたが、盲目滅法新しいものにとびつくのは、ひと口にいえばそれは田舎だからです。

去年パリに行ったときも、洋装に関するかぎり、東京の方がずっとモダンな感じを受けましたが、生活の中からではなく、本から直接まなぶ為、そんな結果になることがやがてわかりました。そういう近代性には、根がありません。ほんとの意味のおしゃれともいえません。おしゃれはもっと暇のかかるもので、性急は禁物なのです。

家庭をもって生活が忙しくなると、きものどころではないという人もいます。たしかにそれはそうでしょう。が、好きな人は、忙しい中でも何とか工夫してやっていくもので、そういう中でこそ、たのしみもあるのです。子供が大きくなって、ひまができたとき、その時が一番たのしかったことに、気がつく折もあるでしょう。娘の頃は着飾っても、中年になっておしゃれを忘れるのは、夫に対して悪いばかりでなく、世間へ対しても申しわけないことです。では、結婚する為の自分は商品であったか。そう省みる必要がありましょう。

きものは手間がかかるというのが、逡巡させる一つの理由かと思います。戦前は、洗いはりや仕立ては物の数でなく、自分ですることもいといませんでしたが、便利な世の中になって来るともう面倒でできなくなる。洗いはりや仕立ても、人手不足の為高くなって、近頃では縫い直しに出すのも考えるくらいです。が、一方ではクリーニングが発達し、一ぺん仕立てたら後はしみ抜き程度で済ますことができます。そういう点で、毛織のきものも、手がかからないので、今後いいものが作られることでしょう。服地の中にも、きものに向くものが少なくありません。

無地物と毛織、これが現在、私がもっとも力を入れているもので、技術も年々よくなっていきます。絹の技術を応用し、手紡ぎ、手織のウールをやっていますが、自分の考えていることが実現していくほど、たのしみなことはありません。

『きもの美――選ぶ眼・着る心』(徳間書店) 一九六二年

銀座「こうげい」にて

戦前、数寄屋橋の近くに、「こうげい」という店があった。民芸運動が華やかであった頃、「たくみ」と相前後してできた店で、「たくみ」よりやや程度の高い浜田庄司や河井寛次郎の作品を手がけており、あまり値段のはらない李朝の陶器とか、車簞笥や船簞笥など、骨董の類も並んでいた。

当時としては趣味のいい店で、散歩のついでに気軽に行けたので今でも何点かその頃の家具を使っている。主人のAさんの職業を私は知らなかったが、美術工芸界では顔の広い人間で、その店で何人もの画家や陶芸家を私は知った。

やがて戦争がはじまって、そんな呑気な商売はやっていられなくなり、Aさんは信州かどこかの山奥へ疎開していた。そのうち終戦になり、世の中が落ちついた頃、ある日Aさんの訪問をうけた。

Aさんは戦後政界に入り、衆議院の選挙にも出たが落選し、その後は議員の陣笠みたいなことをやって細々と暮していたらしい。彼がいうには、つくづく政治にはいや気がさした。やはり昔の商売に戻って、今度は本気で工芸の世界で働きたい。ついては、私に社長になって貰い、自分はマネジャーのような形で手助けしたいと、本気になっていうので、私もそれはいいことだし、好きな道だから考えてあげようと答えておいた。

白洲に相談すると、自分には店を出すほどの財力はないから、株式会社にするといいと賛成し、友達からお金を集めてくれた。とても親切な夫だと私は感謝し、今でも感謝していることに変りはないが、彼のほんとうの気持は、私がエネルギィを持てあまして、青山（二郎）さんや小林（秀雄）さんたちと毎日飲み歩いているので、仕事を与えたら少しはおとなしくなると思ったに相違ない。が、店を持ったくらいで私の骨董狂いや、文士（といっても数人の評論家だけだが）との付合いの面白さが半減するわけではなかった。

一軒の店を経営することが、どんなに大変か私は考えてみたこともなかった。そういうところが実に馬鹿で、間がぬけていることは読者も先刻御承知と思うが、何事につけ素手で飛びこんで行く以外にできない性分なのだから仕方がない。前もっていくら研究してみても、実地に経験するのとはまったく違っていることを、どこかで感じとっていたからだと思う。

私にとっては何もかも未経験なことばかりで、最初の一、二ヵ月はマネジャー格のAさんに任せっきりだった。すると、どうもやる事がおかしいのだ。彼が染めものをしていることはうすうす知っていたが、その製品を売る店がほしかったのではないか、私はそれに巧く乗せられたのではあるまいか、そういう疑いを抱きはじめた。

彼の染めものは、悪くはないが中途半端なもので、私の趣味には合わなかったので、私は気に入っている呉服屋さんを訪ね、協力してくれるように頼んだが、みんなそっぽを向いて手伝ってくれるどころか、中にはあからさまに敵意を示す人たちもいた。

「当り前だよ、そんなことも知らなかったのか」と、青山さんは私の世間知らずを嘲笑うばかりで、小林さんに至っては、「魅力がない店だな。止めちまえ」

と、はじめから相手にしてはくれなかった。

私は生れてはじめて一人ぼっちになったような気がした。そして少しは真面目に物を考えるようになって行った。

銀座の店は、旧電通通りの現在「たくみ」のあるところにあったが、だいたい問屋がどの辺にあるのかも知らなかった。そのうちAさんに連れられて日本橋方面の問屋廻りをし、いくらか商品を自分でも仕入れるようになった。我ながら滑稽に思ったのは、私は算盤というものをぜんぜん知らない。相手は玄人だからパチパチと素早くはじいて、「このくらいで如何でしょう」と私に見せる。見たってそれが何万円だか何十万だかてんで見当もつかない。私はハタと困った。

だが、ここが辛棒の仕どころと、「もうちょっとどうにかなりませんか」というと、またパチパチ。「こんなところで如何でしょう」「もう一発」、なんてやりとりしている間に値段がきまる。あとからAさんに聞いた話によると、

「どうせお嬢さんの商売だからいいかげんなものだと思っていたら、案外しっかりしてるよ」と問屋の人たちがいったそうである。マネジャーも気がつかなかったとは！　こりゃ驚いた。

そんな風にして問屋から仕入れたものも、大方は気に入らなかった。戦前に母が作ってくれたようなきものはどこにあるのだろう。やがてそんなものは戦争によって消えてなくなってしまったことを私は知るハメになった。だが、技術は人知れずどこかに残っているにちがいない。それを掘りおこすことが私のつとめだ。次第にそんな風に信じるようになった。

といっても、突然そうなったわけではない。それまでにはさまざまの浮世のいざこざがあった。私の知らない借金が出て来たり、裁判所へ呼ばれたり、大量の返品があったり、いやなことばかりつづいた。そんなつまらないことは省くとして、最初のうちはどのお客様にも喜ばれるようなものを売ることに集中していたが、それは八方美人的な考えかたで、小さな店ではできることではない。実際にも、私が好きなものから先に売れて行くことに気がついた。そこで少々偏ってはいても、自分の好みに合ったものだけを選ぶことにして、どうやら恰好がついたのである。

それを機にマネジャーのAさんにも止めて貰ったが、数字なんか見たところで私はチンプンカンプンなのだし、会計だけは男性に任せた方がいいと思っていた。かといって、そんなささやかな店を手伝うような男は、みなのっとることばかり考えており、女だけで運営した方が安全なことがわかった。で、そのようにした次第だが、皆さんよく働いてくれた。さすがに最初の一年は赤字だったが、二年目からは配当もできるようになって、株主に迷惑をかけずに済んだ。株主の中には大会社の社長さんもおり、商売のことも、数字のことも、まったくわからないくせによく儲けることができると笑われたが、自分自身にもわからないことが他人にわかる筈もない。しいて云えば、ひたすら美しいものが作りたいだけで、欲のなかったことが成功した所以であったかも知れない。

成功したといっても、もちろん私一人のためではない。むしろ、私の力なんか無きに等しいもので、まわりにいい友達や、職人さんたちが大勢いて、助けて下さったからである。税金その他金勘定の方も、昔から知っている友達が、手弁当で来て手伝って下さった。

たとえば柳悦博《よしひろ》さんは、宗悦さんの甥で、織物の大家であるが、積極的に支援して下さった。地方の作家を紹介したり、染織の技術を教えて下さったり、時には遠方の産地までいっしょに旅行したりして、埋もれている人々を発掘することに力を貸して頂いた。「こうげい」のすべてはこの先生に負うところが大きいといっても過言ではないと思っている。

その頃から問屋との付合いは殆んどなくなった。作家から直接取り引きすれば、それだけお客様にも安く売ることができる。値段の点で、高すぎると思えばたまには値切る場合もあったが、そういうことは稀で、反対に安すぎるから倍にして買って上げるようなことが多かった。いいものを作りたい一心で集ってきた人たちばかりだったから、軌道にのった後はやりやすかった。

私は鶴川村に住んでいたが、毎日小田急で銀座へ通うことが少しも苦にはならなかった。今日は何ができて来るだろう、どんな人と会えるだろう、それがたのしみだったからである。毎日のように会いに来て、自分の作品について批評を聞きたいという人たちと、私は世間話をして付合うようにしていた。専門的な批評なんかしたくてもできなかったし、相手の話を聞く方が面白かったのだ。

その一人に織物の田島隆夫さんがいた。彼は絵も上手だし、書も巧いし、和歌も作るという多芸の人であるが、最近、「織の啓示」(「アサヒグラフ」一九九四年一月二十一日号)という文章の中で、当時のことをこのように回想している。

こうげいの店でなにげなくお話をしてくださったことがありました。絵巻物の一つ一つの絵をつなぐ間《ま》として描かれたところ、について お話しになったのでした。それはとても示唆にとんでいて啓示ともいえるものでしたからあとあとまで印象に残ったのです。……どうしてそのお話が印象に残ったかというと、私は晴着よりふだん着を織っていこうと思っていたからです。……絵巻物の一つ一つの絵をつなぐ間に描かれたところは、どこかそんな仕事の在り方にかさなる部分があるように思えたのです。ふだんなもの、何んでもないものが却ってただごとでなく思われて、そこに自分の仕事の始末とでもいうものが在るのではないかと思ったのです。

文章の全部にはわたれないので、解りにくい点もあるかと思うが、絵巻物の絵をつないで行く空間に、あそびというか、余裕というか、何ともいえぬ味わいがあることを読者は知っていられるであろう。今はもう何をいったか忘れてしまったが、たぶん私が無意識に喋べっているうちに、田島さんはその中から一番大切なことをしっかりと受けとめて、自分の仕事に生かして下さったのだ。何の気なしにいった片言から、そういうことを発見して下さるほど世の中にうれしいことはない。そこが田島さんの人間の確かさで、私はむしろそういう人たちから教えられることは多かった。

いい仕事をして下さった人々の大部分はもう亡くなってしまったが、染めものの関口信男さんや古澤万千子さんは健在で、思い出はつきることがない。古澤さんも柳先生に紹介されたうちの一人で、「辻ヶ花」にかけては当代一の名手であるが、一番脂の乗り切った年頃に、九州のお寺の住職と結婚され、一時は仕事もとどこおりがちだったが、最近はお寺の近くに工房を作られたので、今後は自由に仕事に専念されるに違いない。近頃は美術学校を卒業しただけで、「芸術家」を自称する人たちが多いが、美に関することは一生の仕事であり、芸術家になってしまったらおしまいだ。芸術家であるかないかは、見る人に任せておけばいいのである。

変り種には三宅一生さんもいた。「こうげい」に遊びにきた頃はまだ大学生で、身体も弱そうに見えた。その頃は珍しかったデザイナーを志しているとかで、はたしてこのようなか弱い青年が、困難な仕事に堪え得るかと心配したが、ごらんの通りの世界的なクリエーターに成長したのは喜ばしいことである。クリエーターなんて言葉を私は好かないが、バブルがはじけた今日只今が彼の正念場といえよう。デザイナーの仕事はよほど彼に合っているらしく、大人になってからは身心ともに健康になった。ほんとうのクリエーターとは、自分自身をクリエートすることにあると思う。これを機に今一段と大きな存在になり、立派な花を咲かせてほしいと私は切に願っている。

「こうげい」の店は、たまたま染織の専門家が多かったので、とりあえずきものからはじまったが、陶器も、木工も、工芸に関するものは何でもやりたかった。一時は魯山人の作品も扱ったことがあるが、わがまま勝手な人物なので、これは長つづきしなかった。

はじめは馬鹿にしていた小林さんや青山さんも、軌道に乗ってからはしょっ中来て、外部から応援したり、注意を与えて下さるようになった。一時はクラブのような有様を呈し、その時期が「こうげい」としてはもっともたのしく、充実した時代であったと思う。そのうち私は原稿を書くのが忙しくなり、きものも特別な人たちしか作らないようになって、職人さんたちの多くも亡くなってしまったため、自然解消のようなかたちになった。次郎は「後継者」をつくらないといって不機嫌だったが、はじめから後つぎのできるような性格の店ではなかった。止めるについては、私もずい分悩んだが、昭和三十年ごろから四十五年までのほぼ十五年間に、口では言えないほどのさまざまの経験をした。いや、させて頂いた。心の底からありがたいと感謝している。

『白洲正子自伝』（新潮社）一九九四年

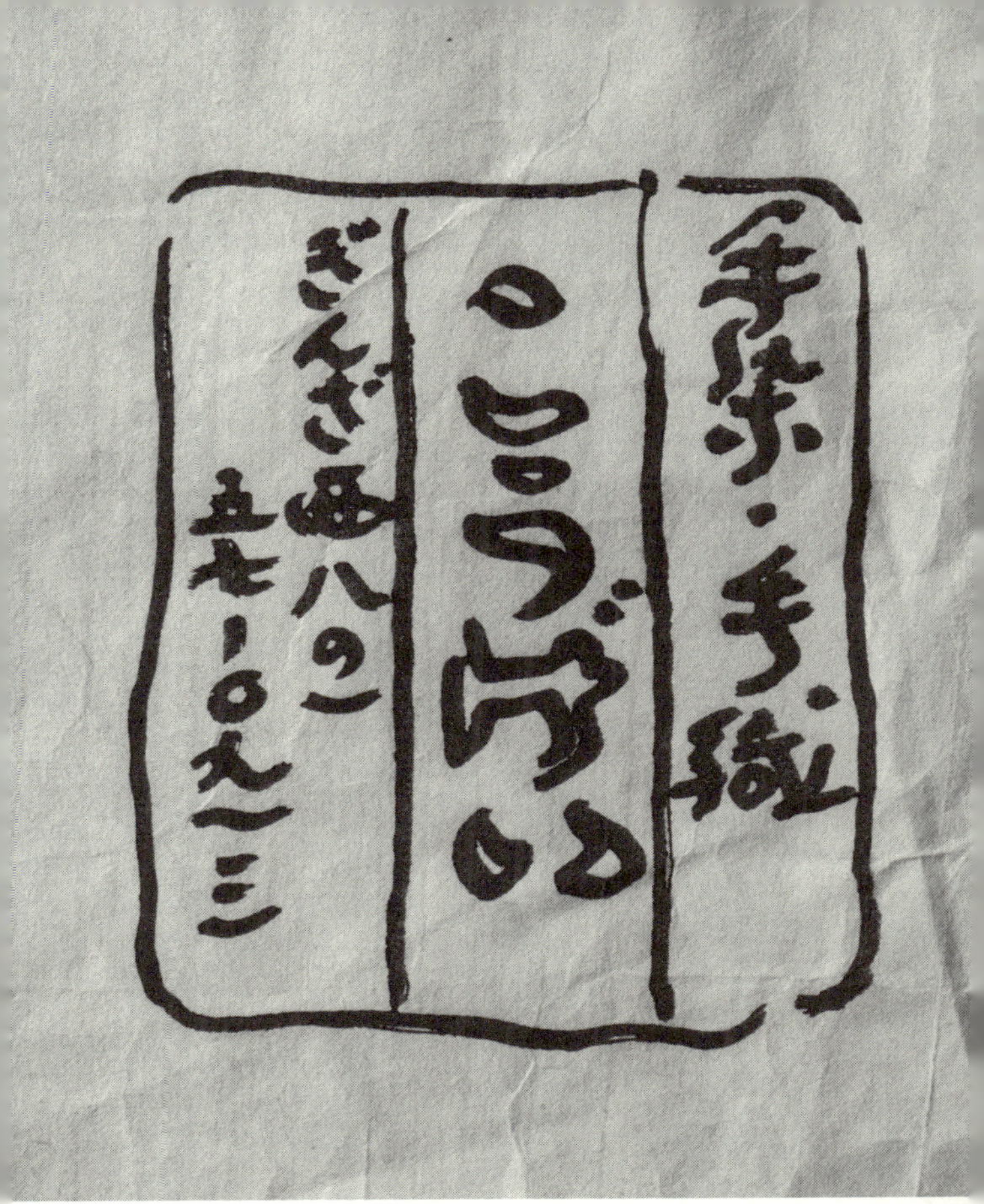
手染・手織
こうげい
ぎんざ西八の二
五七一〇九一三

自分の色

先日湯河原に、安井曾太郎画伯をおたずねした時、先生は、ふかねというかべんがらというか、はでで、しかも深い落ちつきのある、ざぐざぐした紬の羽織を着ていらっしゃった。

色見本を開いてみると、光悦茶という洒落た名前がついているが、どこから出たものか、或いは単なる思いつきとも思われるが、いかにも光悦が好みそうな、暖い、豊かな色あいである。藍の、一見無地とも見える着物の上に、それを無雑作に羽織っていられたが、一杯に日を浴びた冬景色を背景に、ひとしおふさわしくみえて美しかった。外には、だいだいが、枝もたわわにみのっていた。

男の人が、こんなはでな物を身につけるのを、私は生れて初めて見た。常識的には、実にとんでもない色なのだ。しかし、それは決して見る人を、戸迷いもさせなければ、驚かせもしない。それ程、先生にはお似合いだった。その色の裏に、安井曾太郎という人間がべったりはりついた感じで、あきらかに創作の域に達している。そこには芸術家の自由な魂と、そして色彩に対する自信がうかがわれるのだった。

失礼でございますがそのお羽織、とてもよくお似合いで……と云うと、ああ、これですか、（小林）古径《こけい》さんにもほめられましてねえ、昔祖父のを貰って着ていたのですが、戦争で焼いてしまって、又ほしくなって同じ色に染めたのです、と少しはにかんでお答えになる。

そう云えば安井さんの絵の中に、私は何度かこの色を見た様におもう。たとえば、ラマ廟。たとえば連雲港の、あの和やかな光を吸った朱の色である。それがそのまま生活の中に渾然ととけこんで、此処南国の風景に見事な調和をみせている。実際その日は、二月というのに、嘘の様に暖く、海はどんな青より青く澄んでいた。

自分の色をみつけるという事は、着物一枚にしろ、思ったほどやさしい事ではなさそうだ。世の中には、ただむしょうに着物の好きな人が、殊に女には多いが、それだけでは単なる浮気にすぎぬ。真に物を愛するということは、そんなにたやすい事ではない。自分の物を見出すこと、自分の物にするという事は、いくら相手が着物でも、そう簡単にはゆきかねる。一生に一つ、ほんとうに似合う物が見つかったら大出来だ、そう私は考えている。

今までに何度も言われたことだが、まったく日本人ほど生活の中に芸術をとり入れた人種は居ない。この柔軟性は、あるいは短所かも知れないと思う（というのは、長所でもあるという事だが）。だから日本古来の芸術には、工芸品との区別がさほど顕著に現れてはいない。光琳の描いた掛物と、光琳のつくった着物の間に、どれ程の差があることだろう。態度と云い価値と云い、殆ど同じものではないだろうか。一つは家を、一つは人間を、美しくよそおう、ただそれだけの謙譲なねがいしかなかった様に思われる。値段の違いがもしあるとすれば、それは買う人が、或いは売る人が、一方を芸術と見、他を生活資料と見るだけの事だ。慶長元禄頃の衣装にしても、あきらかに、後に残す事を意識してつくられている。その点同じ衣類でも、洋服とはぜんぜん目的を異にする。この伝統を失いたくはないものだ。

昔の人はその様に、美しく暮すすべを心得ていた。物を大切にする事を知っていた。そして自分の物を、自分だけの物として、大事にしまって中々人にも見せようとしない――これはそれ自身、封建的でもなければ、単なる貴族趣味として片付けてしまうわけにもゆかぬ。もっと、はらはらする気持である。現在では、その切ない情は忘れられて、その形骸ばかり、後世の人々によって濫用されたかたちである。中身はさておき、箱及び箱書が物を言う国なんて、世界中どこを探したってありはしない。

光琳には「美しいものをつくる」それだけが目的であった。展覧会がなかったのは仕合せである。見せる、のじゃなくて、創る、のだ。だから相手は、着物だろうが屏風だろうが、何でも構わない、ただ飢えた様に、ひたすら美を生む事だけを仕事とした。着物ばかりでなく、陶器漆器家具のたぐいに至るまで、およそ職人の仕事と名付けるものにとって、日本ほどの楽園はなかったに違いない。昔はえかきですら、画工とよばれた一介の画師にすぎなかった。現代日本画家のなやみもおそらくそんな所に原因があると思うが、芸術家があまりにも芸術家になった今日、今こそ工芸家が職人としての誇りをとり返すべきではないだろうか。その為には、染物ほど自由で、着物ほど一般的な、よい畠はない様に思われる。今、染色工芸の上に、私達がほしいものは、芸術家ではなく、職人だ。芸術品をこさえようとするから失敗する。いい物をつくれば、おのずからそこに芸術は在るだろう。

「人に異ならむと思ひ好める人は必ず見劣りし……云々」と、紫式部は言っている。人の真似をするばかりでは、むろん進歩は望めぬ。すべての物の上に、新しい、という事は、魅力でもあり、必要でもある。ただし、「人に異ならむ」とする為に、変った物を求めるのは間違いだ。安井さんの羽織はそんな物ではない。

近頃はやりの言葉の一つに、文化国家というものがある。これも変な言葉である。そんな、月の世界みたいないい所が、どこかにあらかじめ存在するわけではなく、又それは文化人専用の場所でもない。もしあるとすれば、ひどく手近な所——一人一人のその日その日の生活の中にあると私は信じて疑わない。自分に忠実である事、自分の仕事に打ちこむ事、それがすなわち文化というものだ。自分の色にしても、着物にしても、同じである。自然にそこに現れる。むしろひと目で解る。一番手近な物だけに、構わぬ人は構わぬなりに、その人間が最もよく現れる「場所」と云えよう。

異色ある人物が、そう都合よくいつも変った格好をしていてくれるとは限らない。が、どことなく違うものである。たしかに違う、と見わける眼。名前や智識の先入観にまどわされぬ眼。私はそれを養いたい。と同時に、そういう眼で真正面から見られても、たじろがぬだけの自分の物を持ちたい。もともとこれは二つのものではない——それだけが私の念願である。

初出不詳　一九四七年

MASAKO
20

ふだん着の名人

熊谷（守一）先生に書をお願いしたことがある。一面識もないものの頼みを、先生は快くひきうけて下さったが、出来上がるまでには一年近くかかった。壁にかけて眺めている間に、鼠がかじってしまい、書き直されるのにひまがかかったという。

それは「ほとけさま」という字で、裸のままのほとけさまのような姿をしていた。仏の心を文字に表したといってもよい。私はうれしくて、何かお礼がしたいと思ったが、このような書にふさわしいものは中々ない。ある日、黒田辰秋氏をお訪ねした時、みごとな欅《けやき》の盆を見せて下さった。とたんに私の心はきまった。それはどこかの展覧会のために作ったもので、売りものではなかったが、私が熊谷先生にさしあげたいというと、二つ返事でゆずって下さった。今度吉井画廊がお二人の展覧会をひらくと聞き、人は誰でも同じようなことを考えるものだと面白く思った。聞くところによれば、吉井さんは二、三年前から心がけていた由で、ようやく望みがかなってうれしいといった。

私が黒田さんの作品をえらんだのは、ただ美しいからではない。周知のとおり、熊谷先生は木曾と山一つ隔てた付知《つけち》の生まれで、黒田さんも時々そこで仕事をされ、材料もそのあたりのものが多い。若い頃、材木を川に流す仕事をされた熊谷先生にとって、御縁の深い土地であり、故里の木の味を喜んで下さるだろうと信じたからである。

そのお盆をとどけに伺った時、私ははじめて熊谷先生にお目にかかった。縁側で、パイプを彫っていられた。

「大事にしていたパイプをなくして、困っているのですよ。焚き火をしていた時、燃やしてしまったらしい」

と、それが初対面の御挨拶だった。お家《うち》の中は、アトリエにまで鳥が棲んでいて、成程これでは鼠にとっても天国であろうと想像された。ただ犬だけは、

「人間に忠実すぎて、見るのが辛くて飼えない」

といわれたのが印象に残っている。大都会の真ん中で、鳥や虫とともに暮らしている先生を、人は仙人と呼ぶ。だが、自分は仙人ではない、仙人と呼ばれることは嫌いだともいわれたが、仙人だったら、「見るのが辛い」というような心は持ち合わせないだろう。

すべては心がけが悪いのです。なるべく無理をしない、無理をしないとやってきたのです。気に入らぬことがあってもそれに逆らわず、退《ひ》き退きして生きてきました。

これは『熊谷守一の書』(求龍堂版)の中の言葉であるが、私はそこにもっとも人間らしい人間を見る。勇気がなくてはこのような生き方はできない。このようなこともいえない。それは作品の上によく表れているが、先生にとって、いわば余技である書には生地《きじ》のままの生活が感じられ、その無欲無心な美しさに私達は惹かれるのだ。

さて、黒田さんのお盆であるが、先生は物もいわずに両手で長いこと撫でていられた。あまり長いこと黙ったままなので、奥様が催促なさると、

「どちらが上か下か考えているのだ」

といわれた。欅は根が重いために、川で流していると、直立してしまう。だから扱うのがむつかしい。一旦立ってしまうと、もう元へは戻らず、そのまま沈むので、木曾の川底にはどれほど欅が沈んでいるかわからないと話して下さった。

その時の先生の表情は、身も心も木曾の山奥へ飛んで行ったようにお見うけした。欅の上下を気になさるのも、昔の苦労が身にしみていられるに違いない。結局そのことはわからずに終わったが、後で黒田さんにうかがうと、お盆くらいの大きさでは、専門家にも判別できないという。欅に比べると、檜は素直で扱いやすく、細工もやさしいと聞くが、黒田さんは頑固な欅のほうを好まれる。たぶん熊谷先生もそうだろう。それは良寛と先生の「天上大風」の書を比べてみてもわかることで、物事に逆らわないのは、必ずしも人のいうなりに身を任すことではあるまい。

そのことは黒田先生の人生観にも通ずるものがあると思う。

「忘れるほど放っておくのが漆の極意だ」

と先生はいわれるが、簡単にいえば、それは自然に逆らわないという意味である。木工が素材と下塗りに重点をおくことはいうまでもないが、木も漆も生きものである（その証拠には、五百年経た材木でも狂うことがあるという）。漆の場合はもっと複雑で、空気に当たると酸化するのでかわいてしまう。かわくのは漆が死ぬということで、生地に密着するまでは生かしておかなければならない。いかにして器の上でめでたく往生をとげさせるか、それが漆芸の技術といえよう。中国には、谷川の底に木から垂れた漆がたまって、生きつづけていたという伝説があるが、今でも黒め漆（上塗りの漆）は水桶の中で保管する。そういう微妙な性質のものだから、塗る時に適度の湿度を与えつつかわかして行くには、細心の注意と時間を要する。こまかいことはここには書けないが、生地のまま木理《もくめ》を浮き立たせる拭漆《ふきうるし》は、中でも手間のかかる仕事で、生漆《きうるし》を何十ぺんも塗ってはかわかし、かわかしては拭きこむ。その間に、「忘れるほど放っておく」のがすなわち漆の極意であって、黒田さんの仕事場には、いつ行ってみても、下塗りのままの作品が並んでいる。
黒田さんの重厚な人柄は、そういう仕事の中から生まれた。自然の流れに逆らわず、ひたすら待つこと耐えることによって形成されたといっていい。おそらくそれは熊谷先生も同様で、自然の中で鳥や草花とともに生活されているところも似ている。黒田さんは時々陶器も作られるが、その作品も木工に似て、たっぷりと力強い。漆にくらべたら陶器はやさしい、陶芸家が羨ましい、といつもいわれるが、そこには余技の気安さとたのしみがあるからだろう。今度ははじめて茶碗も出品されている。熊谷さんの書と、黒田さんの焼きもの——それはまったく異質のものではあるが、余技の美しさと面白さを満喫させてくれるに違いない。余技といっても、長年の仕事と生活の重みのはてに生まれた軽さであり、この度の展覧会のたのしみの一つは、ふだん着の名人の姿に接することにあると思う。

「熊谷守一・黒田辰秋　二人展」吉井画廊パンフレットより　一九七七年

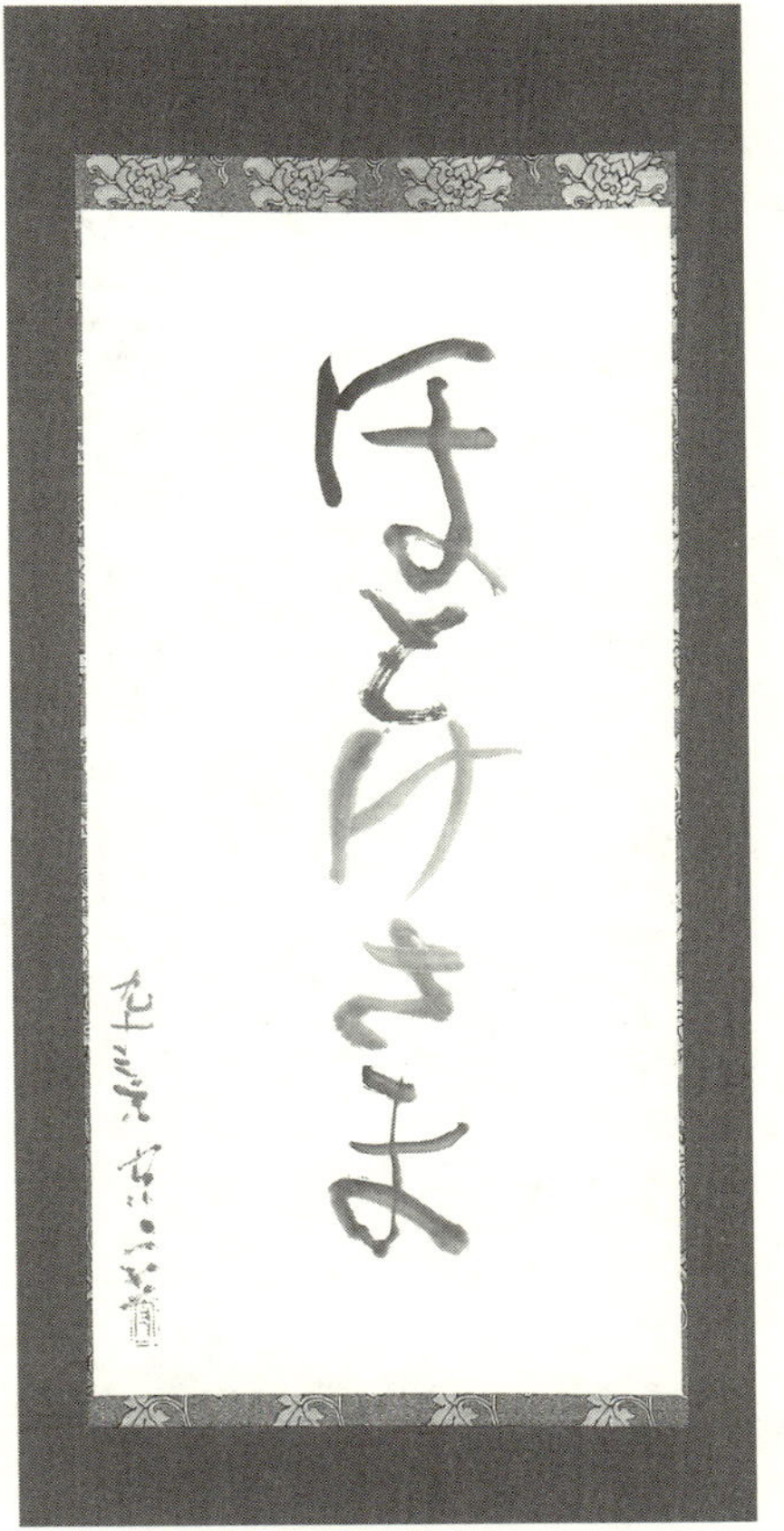
ほとけさま

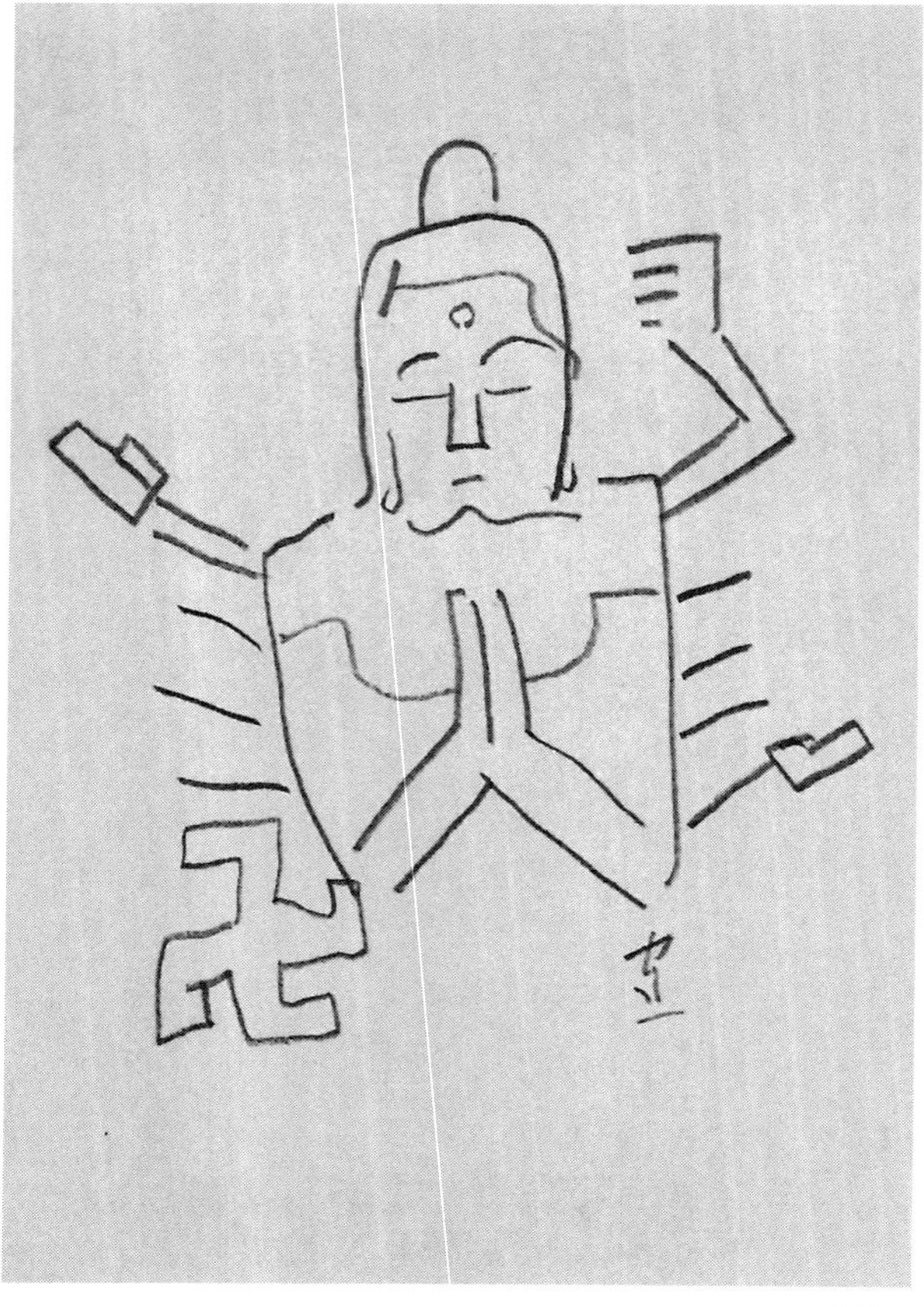

雨の高山寺

小学校に入るか入らない頃、私は母と一緒に、京都で一年近く住んだことがある。明治維新の前、大久保利通が住んでいたとかいう家で、今も残っているという話だが、たしか三条木屋町のあたりだったと思う。入った所が土間になっている古い屋敷で、どこもかしこもじめじめして薄暗かった。そこで私は悪性の百日咳にかかり、苦しんだので特に印象が深いのだが、京都というと、直ぐ百日咳と陰気な家と、退屈なお寺廻りを思い出すので長い間私にはなじめなかった。が、子供の時の体験というものは、ある一定の年齢をすぎると、どんなに不愉快なことでも懐しく感じるものである。わずか一年ではあったけれども、京都が私に与えた影響は、もしかすると自分で思っているよりはるかに大きいのではないか、そんな風に思う時もある。

それから二十年あまりたって、ある日友達に誘われて、高山寺《こうざんじ》をたずねた。

目ざめるような若葉の頃で、お寺の縁側に座って、お弁当をたべていると、ずっと前にも同じようなことがあったのを、ありありと思い出した。人の一生には、よくそうした光景を見るものだが、この場合はそれと違って、「ああ、ここだったのか。あの時連れて来られたのは」と、何十年も前の記憶が、玉子焼の味にいたるまで、実にあざやかに甦ったのである。

かたわらには、亡くなった母も、乳母もいた。オヒヤンと呼ぶ宿屋のおかみさん。ズイホウさんという陶工など、ふだんは思い出せない故人の顔もあった。明恵上人、鳥羽僧正鳥獣戯画、の名前もその時知った。それらは名前というより、むしろ一種のひびきとしてどこか遠くの方から私の耳に還って来た。懐しいとさえいえないような奇妙な気持であった。

お寺詣りは毎日のことだったのに、子供心に高山寺だけ特に印象に残ったのも、何かの因縁であろう。以来、京都に来る度毎に、何とはなしにこの寺を訪れる習慣になって行った。去年は、小林秀雄夫妻と一緒だったが、むろんそんな話はしなかった。今年は一人で、やはり五月だったが、雨が降っていた。秋の時雨みたいに、さあっと降っては止むので、こういう雨は何というのか聞くと、やはり時雨だと運転手は答えた。

こんな日に、石の上で座禅を組んでいる明恵上人はお辛かろう。ちっとも不自然ではなく、そんなことを考えた。長い間に、この栂尾《とがのお》のお上人様は、私にとって、ひどく身近な存在になっていたのである。伝記も読んだししらべられる限りのことも知った。が、そんな身近にありながら、この人間については、未だ私にはわからないことだらけで、もしかすると一生わかる時は来ないのかも知れない。それでもいい、ただ偶然がもたらした付合いをつづけて行くだけだ。直ぐそばに居る人間さえ不可解な世の中に、八百年の年月など何程のことがあろう。

本堂には、鎌倉時代の鹿の彫刻が置いてあり、解説に、これは昔寺内の春日明神にあったもので、「アメリカ人が見ると、ワンダフルといって驚きます」と書いてある。有名な明恵上人樹下坐禅図も、鳥羽僧正絵巻も、目下洋行中で、そのかわりに、鳥獣戯画を染めぬいた手ぬぐいをお土産に頂いて帰る頃には山道は既に暗く、お茶屋のラジオがはるか彼方で若乃花の勝負を流していた。

何もかも夢なのだ。ふと、そういう考えが電光のように走ったが、何もかも夢であるならば、それ以外の何処に真実が求められよう。明恵上人は、あきもせず毎晩見る夢の記を書きつづけたが、あれはきっとそういうことだったに違いない。とたんに何かわかったような気がしたが、それはただそんな気がしただけの話である。

私はしきりに、何かほしかった。手にしっかりと、握りしめるものが、ほしい。上人は、紀州の島から石を持って帰ったというが、私もそれを真似て、せめて高山寺の石をお守りに持って帰りたい。そう思って物色するうち、ちょうど手頃な小石が一つみつかった。苔のつき工合も申し分ないし、形も何気なくていい。これなら、机の上に置いて文鎮に使えるだろう。第一、誰も知らないということが嬉しいではないか。私はそれをハンケチに包み、大事にハンドバッグにしのばせて、東京へ持って帰って来た。

出してみると、苔はかわいていたが、ぬらすと、高山寺の山の香りがした。

しばらく、そうして私は秘密のたのしみにふけったが、やがておかしなことに気がついた。さわるとボロボロ崩れるのだ。古い石だ、さもあろう、とよけい得意になっていたが、それにしても少しおかしい。ある日思いきって苔をはがしてみると、いよいよ様子が変である。ためしに息子に鑑定を頼んだら、ちょっと触ってみて、笑いだした。

「何めずらしがってンの。これ、ただのセメントのかたまりじゃないか」

初出不詳　一九六〇年代初めか

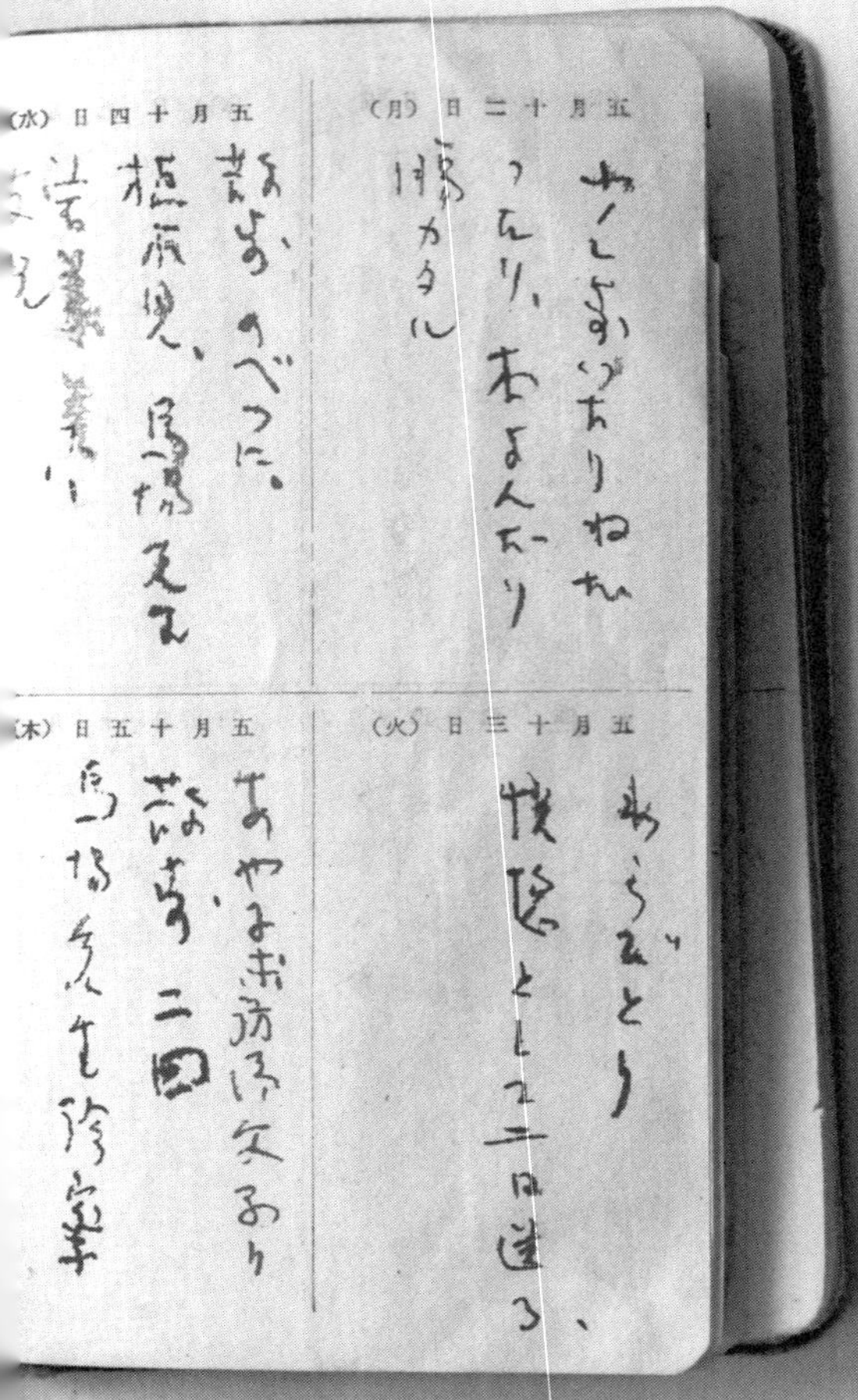
五月十二日（月）
五月十三日（火）
五月十四日（水）
五月十五日（木）

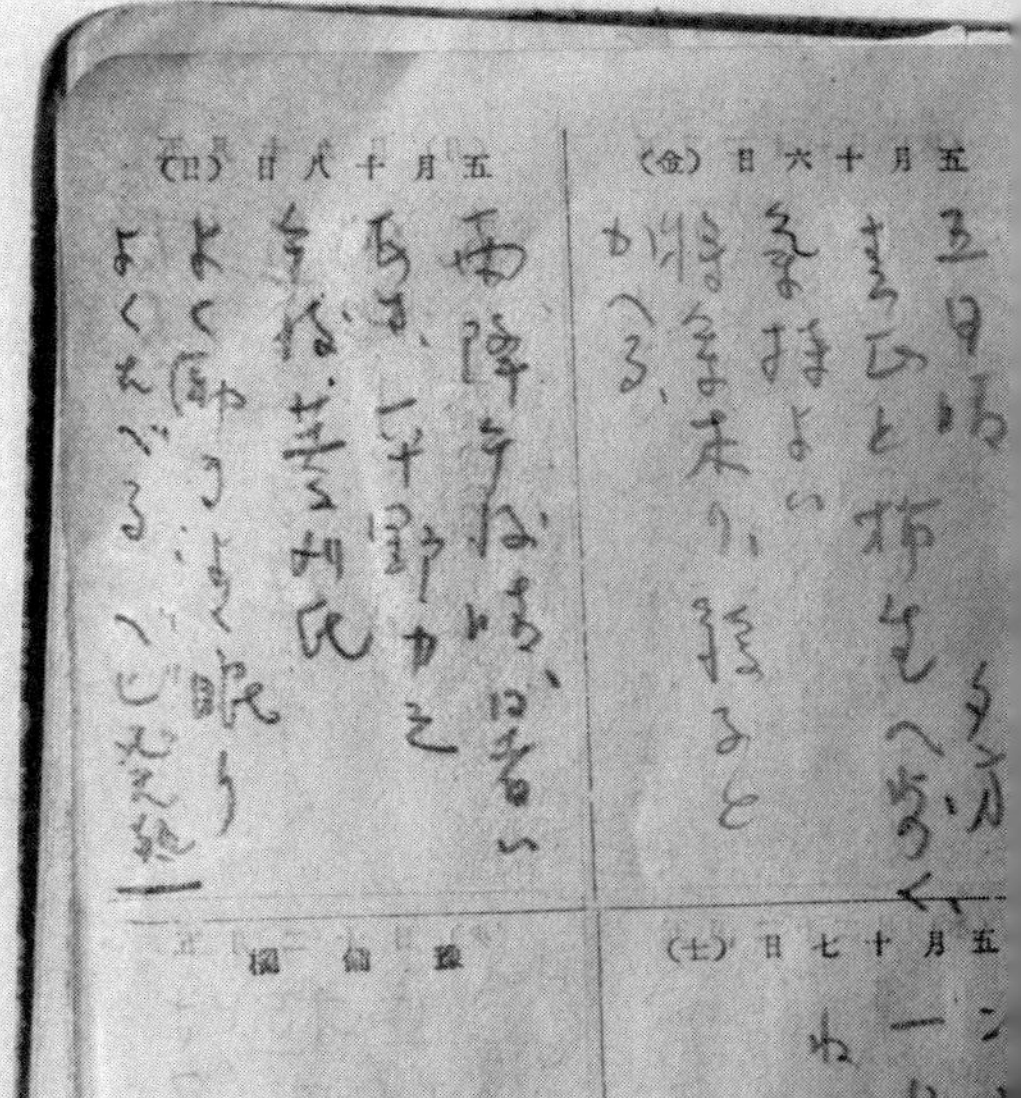
五月十六日(金)
五日晴
妻子と柿生へ[illegible]
多摩よい
帰途 来り、孫子と
かへる、

五月十八日(日)
雨降らねば晴、日書い
[illegible]、一千野かえ
きたる、菅刈氏
よく[illegible]よく眠り
よくたべる へ[illegible]

五月十七日(土)
[illegible]
一日[illegible]よく
ねる。

旅と万年筆

万年筆のペン先は、エキストラ・ワイドというのであろうか、昔のGペンのように、極太で平たいのが私は好きで、それでごしごし力を入れて書かないと、原稿を書いたような気がしない。ボールペンなどはもっての外のことで、文章が流れてしまうようでいやなのだ。今時古臭い話であり、そういう万年筆を探すのにも骨が折れるが、人間が古臭いのだから仕方がない。

たぶんそれは毛筆が好きなところから出ているので、タテ・ヨコの線が同じだと気に入らないのである。筆の場合は、ペンと違って、触感が柔いので、字は下手だけれども、せめて手紙を書く時は、仕事を放れて、和やかな気持で筆を走らせたい。それに墨を摩る間のあの放心的な感じが何とも快い。近頃のように忙しくなると、よけいそういう時間が貴重なように思われる。旅に出る時、一時は矢立てに凝ったこともあるが、この頃はそんな洒落気も失った。矢立てなんて知ってる人は少くなったと思うが、昔、陣中や旅行先で用いた懐中硯のことで、はじめは箙《えびら》の中に入れたから「矢立て」と呼ぶのだそうである。何のことはない、万年筆や筆ペンの前身と思えばいいので、古い時代の矢立てには、象嵌などがしてあって美しいものが少くない。

私は旅先で取材することが多いため、万年筆は欠くことのできぬ必需品である。メモをとるだけで、原稿を書くことは稀だから、極太でもペン先の柔いものを持って行く。今、愛用した万年筆を机の上に並べてみて、何十年もよくつとめてくれたものだと、一種の感慨をもって眺めている。その中には、ペン先を潰して、新しく替えて貰ったものもあり、一つ一つになつかしい憶い出がこもっている。あまり身近にありすぎて、既に私の指の一部と化してしまったものに、このような機会がなかったら、感謝することはなかったに違いない。

「芸術新潮」一九八七年六月号

MONT BLANC
Füllhalter-Tinte
FOUNTAIN PEN INK
ENCRE STYLOGRAPHIQUE
TINTA PARA PLUMA FUENTE
KINGS BLUE

逆引き図像解説

MASAKO 1

武相荘の母屋　16頁

一九四二年に東京郊外の鶴川村に茅葺きの農家を購入し、数年かけて自分たちで改築。武蔵と相模の国境にあることにちなみ、無愛想をもじって武相荘と呼んだ。

MASAKO 2

書斎　20頁

母屋北側の書斎。堀座卓の上に文具や原稿が並ぶ。三方の壁の書棚には数々の古典が蔵書されている。

MASAKO 3

骨董を手に　一九六〇年頃　22頁

母屋の縁側で横石順吉の壺を手に。五十歳の頃。

MASAKO 4

鋳絵鳥の図皿　北大路魯山人 作　27頁

「魯山人は気ばって作った大物より、日常使える雑器の方が上手だった」と語り、その器を生活の中で用いた。

MASAKO 5

藍染市女笠文麻暖簾　菅原匠 作　33頁

菅原匠の藍染は型紙を使わず、下絵も描かず、筒や指で糊をおいて染めあげる。武相荘の夏の風物。

MASAKO 6

信楽みみずく形蚊遣り　守田蔵 作　37頁

本来は置物だったが、作家に頼んで真ん中で二つに分かれるように切ってもらい、蚊遣りに仕立てた。

MASAKO 7

唐津盃　41頁

青山二郎・小林秀雄旧蔵の桃山時代の盃。見る人を選ぶ逸品であるため、「人が見たら蛙になるヨ」と語った。

MASAKO 8

祖父・樺山資紀の膝上で　一九一五年頃　45頁

父方の祖父は薩摩藩出身の伯爵。幼少の正子は御殿場の樺山家別荘で夏を過ごした。

MASAKO 9

『かくれ里』直筆原稿　48頁

吉野、葛城、伊賀、越前、滋賀などの山河風物を綴った代表作。加筆・修正原稿はテープで丁寧に貼り継いだ。

MASAKO 10

原稿の執筆中　一九七七年　50頁

お気に入りの吉田英子の刺子半纏を着て。晩年は頭にスカーフを巻くのが定番のスタイルだった。

MASAKO 11

温度計　52頁

西ドイツ製のドストマン温度計は夫の次郎が譲り受けたもの。洋時計と一緒に母屋の壁に掛けた。

MASAKO 12

Tシャツにジーンズの白洲次郎　一九五一年　55頁

日本国憲法をめぐるGHQとの交渉に関わり、「風の男」と呼ばれた次郎。夫婦の会話は英語が飛び交った。

MASAKO 13
座敷の囲炉裏　56頁
母屋の座敷には多くの客人が訪れた。囲炉裏に掛かる自在鉤は引越してきた当時に柳宗悦から贈られたもの。

MASAKO 14
書「犬馬難鬼魅易」　松田正平　筆　72頁
鬼や怪物よりも犬や馬を描くことの方が難しいの意。

MASAKO 15
手描きロウケツ染めの帯　76頁
愛用の帯。着物との取り合わせを自由に愉しんだ。

MASAKO 16
銀座の染織工芸店「こうげい」　一九六〇年　83頁
自ら営んだ「こうげい」にて。店には白洲好みの品々が並び、作家には有名無名の作り手たちが名を連ねた。

MASAKO 17
読谷山花織の羽織　89頁
沖縄・読谷山の羽織。裏地に木綿の紅型を用いている。

MASAKO 18
「こうげい」のラベル　117頁
店の畳紙には自筆したラベルをあしらった。

MASAKO 19
ゴルフジャケットを着て　一九六〇年頃　118頁
戦前にロンドン滞在中の次郎が買い求めたニット袖の革製ジャケット。戦後になっても愛用した。

MASAKO 20
銀のスプーン　126頁
「これでカレーライスでも食べるわ」と言い、坂田和實が営む目白の古道具店で購入。一九世紀初期の英国製。

MASAKO 21
書「ほとけさま」　熊谷守一　筆　135頁
熊谷守一に頼み、待つこと一年。終生大事にした書。

MASAKO 22
素描「千手観音図」　熊谷守一　画　136頁
同じく所蔵した素描。その無欲無心な美しさを讃えた。

MASAKO 23
日記　一九四六年五月　144頁
終戦の翌年の生活を綴った日記の一ページ。日記や取材旅行のスケジュール管理には文藝手帖を多く用いた。

MASAKO 24
拾い集めた石　146頁
旅の折々に拾った石を文鎮や花止めに使った。

MASAKO 25
モンブランの万年筆とインク　151頁
万年筆はマイスターシュテュックを愛用した。

MASAKO 26
次郎と正子　一九五〇年頃　152頁
武相荘のレンガ敷きの庭でくつろぐ二人。その後、写真の庭は石畳に造りかえた。四十代の頃の一枚。

この人

白《しら》洲《す》正《まさ》子《こ》

随筆家（一九一〇～一九九八）

樺山伯爵家の次女として東京に生まれ、幼時より能を習い、十四歳でアメリカへ留学。帰国後まもなく白洲次郎と結婚。一九四二年、東京郊外の鶴川に茅葺き農家を購入し、「武相荘（ぶあいそう）」と名づけて終の住処とする。戦後、青山二郎や小林秀雄との出会いから骨董の世界へ。「白洲好み」と呼ばれる独自の眼で蒐集をつづけ、多くの随筆を執筆した。また、銀座で染織工芸店「こうげい」を営み、多数の作家を育てた。著作に『かくれ里』（講談社文芸文庫）、『日本のたくみ』（新潮文庫）など。

あの人

青山二郎・田島隆夫・熊谷守一

目利きの師匠

信頼した職人

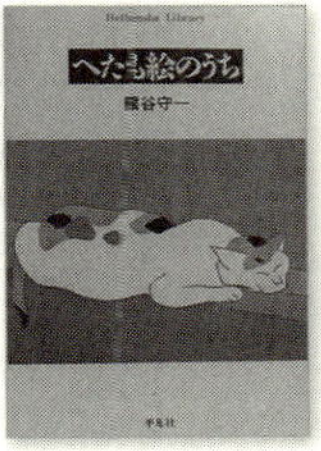

ふだん着の名人

『眼の哲学／利休伝ノート』
青山二郎著（講談社文芸文庫）
白洲正子の骨董蒐集は、陶器鑑賞家・青山二郎との交遊によって深まった。鋭い鑑賞眼で〝本物〟を見抜いた男が綴る、「眼の引越し」などの批評集。

『田島隆夫の「日々帖」』
田島隆夫著（清流出版）
染織工芸店「こうげい」では田島隆夫が手がけた織物を数多く販売した。本書は田島が余技で描いた画日記「日々帖」をまとめたもので、全三部作。

『へたも絵のうち』
熊谷守一著（平凡社ライブラリー）
花や虫や鳥など身近なものを描いた画家・熊谷守一を、白洲正子は「ふだん着の名人」と呼んだ。「眠り猫」をはじめ、多数の絵を収録した自伝。

●本書に収録した作品は『白洲正子全集』（新潮社）を底本としました。

●「くらしの形見」「本文図版」提供・撮影協力＝旧白洲邸　武相荘
本文図版〔7〕個人蔵／〔12〕濱谷浩写真資料館
本文図版撮影＝〔4、5、17〕伊藤千晴／〔10〕片山摂三／〔12〕濱谷浩／〔21、22〕野中昭夫／
〔1、2、6、7、9、11、13〜15、18、20、23〜25〕永禮賢

MUJI BOOKS　人と物　12

白洲正子《しらすまさこ》

2019年7月1日　初版第1刷発行

著者　白洲正子

発行　株式会社良品計画
〒170-8424
東京都豊島区東池袋4-26-3
電話 0120-14-6404（お客様室）

企画制作　株式会社良品計画、株式会社EDITHON

編集デザイン　櫛田理、広本旅人、佐伯亮介

印刷製本　シナノ印刷株式会社

協力　牧山桂子、牧山圭男、旧白洲邸 武相荘

ISBN978-4-909098-22-1　C0195

MUJI BOOKS

ずっといい言葉と。

少しの言葉で、モノ本来のすがたを
伝えてきた無印良品は、生まれたときから
「素」となる言葉を大事にしてきました。

人類最古のメディアである書物は、
くらしの発見やヒントを記録した
「素の言葉」の宝庫です。

古今東西から長く読み継がれてきた本をあつめて、
MUJI BOOKSでは「ずっといい言葉」とともに
本のあるくらしを提案します。